D1655303

manholt verlag

Pierre Loti

Die Wüste

Aus dem Französischen von
Dirk Hemjeoltmanns

Nachwort von Susanne und Michael Farin

manholt

Titel der Originalausgabe
Le désert, Paris 1895

www.manholt.de

Umschlaggestaltung: Claude Wunschik, Bremen
Gesamtherstellung: Clausen & Bosse, Leck
ISBN 3-924903-08-5

Vorwort des Autors

Wo sind meine Brüder des Traums, jene, die einst mir gerne folgen wollten zu den Lilienfeldern des dunklen Moghreb, zu den weiten Ebenen Marokkos? ... Auf daß jene, aber nur jene, mit mir kommen in das steingeborene Arabien, in die tiefe, tönende Wüste.

Und daß sie im vorhinein wissen, daß es in diesem Buch weder schreckliche Abenteuer, außergewöhnliche Jagden, Entdeckungen noch Gefahren geben wird; nein, nichts weiter als die Phantasie eines langsamen Spaziergangs, im Schritt sich wiegender Kamele, in der Unendlichkeit der rosa Wüste ...

Am Ende des langen Wegs, im Flimmer der Luftspiegelungen, wird Jerusalem erscheinen, oder zumindest sein großer Schattenriß, und dort werden wir uns vielleicht, o meine Freunde des Traums, des Zweifels und der Angst, im Angesicht unvorstellbarer Trugbilder in den Staub niederwerfen.

1

Oase des Mose, 22. Februar 1894

Dieses Schreiben ergeht von dem demütigen Diener seines barmherzigen Gottes, Saïd Omar, Sohn des Edriss, zugunsten seines Freundes Pierre Loti, um ihn den Oberhäuptern aller Stämme Arabiens zu empfehlen, damit sie ihm in jeder Weise nach Kräften beistehen und ihm jede Hilfe geben während seiner Reise im Land der Araber, denn er verehrt den Islam und ist von den besten Gefühlen für unseren Glauben beseelt.

Alle, die ihm Respekt gezollt und Unterstützung gewährt haben, sollen meiner Zufriedenheit gewiß sein.

Von uns geschrieben, den 10. Schaban, 1311.
OMAR
Sohn des Edriss, El Senoussi El Hosni

Unter dem Zelt, in dem ich seit einer Stunde am Saum der Wüste wohne, lese ich erneut diesen Brief, der mein Geleitschreiben durch die feindlichen Stämme sein soll. Unten auf dem Blatt steht in rätselhaften Buchstaben die sehr geheime göttliche Anrufung der Senussiten, die dort unten ansässig sind und deren Saïd der Stellvertreter für das östliche Arabien ist.

In der Tat glaube ich kaum an die mit dieser Reise verbundenen Gefahren, deren eingebildeter Zauber mich nicht hierherführt; aber um das heilige Jerusalem trotz der Überflutung mit Menschen und Dingen in diesem Jahrhundert ohne Glauben doch noch zu sehen, wollte ich auf den alten, verlassenen Wegen dorthin ziehen und meinen Geist durch lange Sammlung in der Einsamkeit vorbereiten.

Mehrere dieser Sandrouten boten sich mir dar.

Zuerst die leichteste und bequemste, die Route der *kleinen Wüste* genannt, die über El-Arisch und am Ufer des Golfs von Ägypten entlangführt; leider ist diese schon entweiht und Jahr für Jahr von zu vielen Müßiggängern aus England und Amerika mit dem Komfort und unter der Obhut besonderer Agenturen durchstreift.

Ein anderer, weniger besuchter Weg geht über den Sinai und Nakel.

Schließlich der längste von allen über den Sinai, Akaba und durch die Wüste Petra; für diesen Weg habe ich mich entschieden, weil mich die Führer davon abhalten wollten. Von jeher mit erheblichen Schwierigkeiten verbunden, hält man seit der Rebellion der idumäischen Stämme diese letztere Route in Ägypten inzwischen für nicht machbar, und schon seit zehn Jahren hat kein Europäer mehr diesen Weg einzuschlagen versucht. Der Scheich von Petra, der mir als besonders gefährlicher Karawanen-Ausspäher geschildert wurde, unterwirft sich zur Zeit keiner ordnungsgemäßen Regierung, und seine Person, mehr als sein Land, zieht mich dorthin. Er gehört übrigens wie fast alle Oberhäupter Idumäas und des Hedschas zur Sekte der Senussiten; nur bei ihm, da besteht kein Zweifel, werde ich den Brief von Saïd Omar benutzen müssen – diesen Brief, der so erhaben klingt und so schlecht zu den domestizierten, unterwürfigen Beduinen meines Geleits paßt, der ersten Enttäuschung meiner Reise.

Die Wüste dagegen, selbst hier am Saum, enttäuscht beim ersten Anblick nicht. Ihre Unendlichkeit prägt alles, vergrößert alles und macht die Kleinlichkeit der Menschen vergessen.

Und wie schnell nahm sie vollständig Besitz von uns, wie plötzlich hüllte sie uns in Stille und Einsamkeit! ... Gestern morgen noch das von Touristen überfüllte Kairo, ein Leben wie in allen eleganten Winterorten. Gestern abend noch in Suez, schon etwas einsamer, in einem einfachen kleinen Hotel, das nach Hafensiedlung und Sand roch.

Heute, nachdem wir uns von den letzten europäischen Gesichtern verabschiedet haben, brachte uns ein Schiff bei heftigem Wind auf diese Seite des Roten Meeres und setzte uns allein auf dem öden Strand ab. Kein Mensch, überhaupt nichts beim Einbruch des trostlosen Abends ...

Gleichwohl belauerte man uns dort unten, hinter den dürftigen Palmen der Oase des Moses, die in der Ferne einen dunklen Fleck in der Unendlichkeit des Sandes bildete. Und wir sahen Kamele rasch auf uns zukommen, von fragwürdig aussehenden Beduinen geführt.

Als sie in unserer Nähe waren, lächelten die Kameltreiber, und wir begriffen, daß sie zu unseren Leuten gehörten und ihre Tiere für uns zum Reiten sein sollten. Sie waren mit Dolchen und langen Hirschfängern bewaffnet; ihre wie Mumien ausgedörrten Körper blickten durch die Löcher der unbeschreiblichen Lumpen hervor, mit denen sie bekleidet waren, Fetzen einer Ziegenhaut oder Überreste eines Burnus; sie zitterten vor Kälte in dem unfreundlichen Abendwind, und beim Lächeln zeigten sie ihre langen Zähne.

In einer halben Stunde führten sie uns zur Oase des Moses-Brunnens, dem Ausgangspunkt der Wüstenstraßen, wo unsere vor zwei Tagen aus Kairo abgeschickten Zelte unter kümmerlichen Palmen aufgeschlagen waren. Unser Dolmetscher und unsere Diener, lauter Syrer, erwarteten uns hier, und rund um das Lager bildeten unsere zwanzig Kameltreiber, unsere zwanzig Kamele eine Anhäufung von Elend und wilder Häßlichkeit, Tier und Mensch ruhten gemeinsam im Sand, zwischen Kot und Ausscheidungen.

In unserer Nähe lagerte eine andere, in der Anzahl größere, aber einfachere Karawane in ähnlichem Durcheinander am Boden: russische Pilger, Popen, Bauern, vor Müdigkeit völlig erschöpfte alte Frauen, glühende Gläubige, die

Suez, Hafen

nach zahlreichen sonnigen Tagen und eisigen Nächten hohlwangig und schwer hustend vom Sinai zurückkehrten.

Und auf einmal war rundum kahle Unendlichkeit, die Wüste in der Dämmerung, von heftigem kalten Wind durchfegt; die Wüste von neutraler und lebloser Farbe, die sich unter einem noch dunkleren Himmel ausdehnt, der an den Grenzen des kreisförmigen Horizonts sich mit ihr zu vereinen und sie zu erdrücken schien.

Uns ergriff ein berauschendes und furchterregendes Gefühl der Einsamkeit; ein Bedürfnis, noch tiefer hinein zu dringen, ein unbedachtes Bedürfnis, ein physisches Verlangen, im Wind bis zur nächsten Anhöhe zu laufen, um noch weiter sehen zu können, noch weiter in die verlockende Unermeßlichkeit ...

Von der Höhe der kahlen Düne, zu der wir geeilt waren, sahen wir in der Tat noch weiter, und über der noch größeren Wüste lag ein letzter Schimmer des Tages, der vom gelben Himmel durch einen langsam sich bildenden Wolkenriß herabfiel ...

Und bei diesem Winterwind wurde es so unheilvoll, daß sich plötzlich zur Anziehungskraft der Leere eine Schwermut aus fernen Zeiten gesellte, ein Bedauern, gekommen zu sein, eine Fluchtanwandlung, etwa wie die instinktive Furcht, die Tiere aus grünem Weideland kehrtmachen läßt beim Anblick dieser Gegend, über der der Tod schwebt.

Später unter dem Zeltdach, geschützt vor dem Wind, im Licht der Lampen, beim ersten Nomadenmahl, erfaßte uns wieder sorglose Fröhlichkeit, und schon hatten wir uns gewöhnt an die große Stille der Wüste, in der die Dämmerung allmählich erlosch.

Und danach gaben wir uns dem kindlichen Vergnügen hin, unsere arabischen Gewänder anzulegen – etwas

Neues für meine beiden Reisebegleiter, wenn auch nicht für mich. Wirklich notwendig sind diese Verkleidungen nicht, besonders in diesem ersten Teil der Wüste Sinai, wohin schon so viele Europäer gelangten; aber sehr viel bequemer unter der brennenden Sonne des Tages wie an den kalten Abenden, und vor allem viel malerischer, wenn man auf Dromedaren reist; und wer nicht allein ist, schuldet es seinen Gefährten, ihnen das Bild der Wüste nicht durch die lächerliche Figur eines englischen Anzuges zu verderben, und es ist fast eine Frage der Höflichkeit gegenüber dem anderen, sich nach eigenem künstlerischen Belieben zu kleiden.

Wir sind also für etliche Tage unserer westlichen Jacken entledigt, frei und vielleicht verschönert, durch den langen Burnus und das lange Kopftuch gleichen wir den arabischen Scheichs – mit Ungeduld erwarten wir den Aufbruch am nächsten Morgen.

2

Darnach ließ Mose die Israeliten vom Schilfmeer aufbrechen, und sie zogen nach der Wüste Sur und wanderten drei Tage in der Wüste, ohne daß sie Wasser fanden.
2. Buch Mose, 15, 22

Freitag, 23. Februar

In kleinen Fässern und Schläuchen nahmen wir Nilwasser mit in die Wüste Sur. Den ganzen Tag folgten wir in der Unendlichkeit des Sandes den undeutlichen Spuren, die im Lauf der Jahrhunderte die selten durchkommenden Menschen und Tiere hinterlassen haben und welche die Wege der Wüste bilden. In der Ferne zittert die Linie des Horizonts. Mit grauen Steinen übersäter Sand; alles in Grau oder Graugelb. Hier und da eine blaßgrüne Pflanze, die eine unscheinbare schwarze Blüte hervorbringt – und die langen Hälse der Kamele beugen sich und strecken sich, um sie abzugrasen.

Der Horizont zittert in der Glut. Manchmal hofft man für den eigenen Kopf auf den Schatten einer im unendlichen Himmel umherirrenden Wolke, ein nur umherirrender Schatten auf unendlichem Sand. Aber er zieht vorüber und eilt davon. Sie gehen dahin, die kleinen unnützen Wolkenschatten, erfrischen allein die Steine oder die alten, gebleichten Knochen.

Unnütz auch die dichteren Wolken, die nach klarem Tagesbeginn jetzt gegen Mittag weit hinten über den kahlen Bergen sich auftürmen, ihren kühlen und geheimnisvollen Schleier dort ausbreiten, wo nichts existiert. Mehr und mehr verdichten sie sich, verhüllen die leblose Ferne mit Dunst; Wechselhaftes und Unwirkliches scheinen uns jetzt zu umgeben; der Sand, auf dem wir uns bewegen, verliert sich nach allen Seiten in einem noch immer zu niedrigen, zu verhangenen Himmel, und schließlich wird selbst die Sonne so trübe, als würde sie erlöschen. Da und dort, wo zufällig ein Riß im Schattenvorhang entsteht, wird der kahle Gipfel eines Berges beleuchtet, oder in unserer Nähe unter einer Wolkenöffnung, durch die ein paar Sonnenstrahlen einfallen, glänzt eine mit Glimmer übersäte Sanddüne plötzlich auf wie ein silberner Grabhügel.

Während der Rast in der drückenden Mittagszeit überholen uns, wie es bei Karawanen üblich ist, unsere Lastkamele und tragen unser Gepäck und unsere Zelte in die beunruhigende Ferne, damit wir unser Lager aufgeschlagen finden, wenn wir nach ihnen den Rastplatz erreichen.

Noch einsamer setzten wir den restlichen Tagesmarsch fort. Und nach und nach wird der Geist eingeschläfert von dem langsamen, monotonen und stets schwankenden Gang des großen nimmermüden Tieres, das mit seinen langen Beinen weiter, immer weiter geht. Und im Vordergrund all der grauen Dinge nehmen die vom Schlaf verschleierten, immer wieder zufallenden Augen nur noch die ständig wiegende Bewegung des Halses wahr, der ebenso graugelb ist wie der Sand, sowie den behaarten Hinterkopf, der wie ein kleines Löwenhaupt aussieht und wild mit weißen Muscheln, blauen Perlen und schwarzen Wollfransen geschmückt ist.

Gegen Abend kommen wir in eine Gegend, die, so weit das Auge reicht, mit kümmerlichem Ginster übersät ist; ein dürftiger Garten ohne sichtbare Grenzen, und der Wind, der sich auftut, bedeckt und vernebelt ihn mit feinem Sandstaub.

Immer heftiger dieser Wind, der durch nichts gehemmt wird. Im vergehenden Tageslicht sieht man die Dinge nur noch durch diese eigenartige gelbe Wolke, durch eine aschgraue Transparenz. Unsere Zelte, die allmählich auftauchen, wirken in der Ferne, in dieser kahlen Unendlichkeit viel größer, sehen in dieser Sandwolke aus wie Pyramiden, und unsere Tragkamele, die umherirrend den Ginster abgrasen, gleichen riesenhaften Tieren, die beim letzten fahlen Sonnenlicht ganze Bäume fressen.

Bei starkem Wind, der unsere Zelte wie Schiffssegel klatschen läßt, bleiben wir über Nacht an irgendeiner Stelle dieser endlosen Einsamkeit.

3

Samstag, 24. Februar

Bis zwei Uhr morgens rüttelt der Wind rastlos an unserem so einsam in der weiten Leere stehenden Lager. Unsere Zelte klatschen wie Segel; in der Dunkelheit spürt man, wie über unseren Köpfen die Vorhänge flattern; das leichte Feldbett wird gerüttelt wie auf hoher See bei schlimmer Nacht, und rund um das Lager brüllen alle Kamele gleichzeitig wie Käfigtiere. Unwillkürlich denkt man daran, wie wenig Schutz das Nomadenhaus aus Leinwand gegen nächtliche Räuber, gegen jede Überraschung der Wüste bietet: bei diesem Lärm, bei dieser Unruhe in einer solchen Finsternis könnten Hände Sie packen, Ihnen das Messer an die Kehle setzen, ohne daß man jemand kommen hörte, ohne daß die Reisegefährten in den Nachbarzeiten das Geringste ahnten.

Bei Tageslicht hat sich der Wind völlig gelegt. Wir treten aus dem Zelt, blicken uns um: die Sonne steigt in vollkommen reiner Luft empor; nichts mehr ist geblieben von der Unwirklichkeit des gestrigen Abends; die Dinge haben wieder ihr eigentliches Aussehen, ihr eigentliches Maß angenommen, Kamele, Sand und der kümmerliche Ginster, alles ist klar, liegt wie erstarrt in dem zu grellen Licht da, und in der Ferne über der Lasursteinfläche des Roten Meeres zeichnen sich noch die Umrisse der ägyptischen Berge ab.

Den ganzen Morgen weiter und weiter in der Einöde, immer gleich langsam, immer gleich schwankend. Der Ginster wird seltener. Da und dort wächst einsam eine eigenartige Sandblume, ein blattloser Spinnrocken, der gelb und violett gefärbt aus dem Boden ragt.

Und nirgendwo Leben: kein Tier, kein Vogel, kein Insekt; selbst die Fliegen, die überall auf der Erde zu finden sind, fehlen hier. Während die Meereswüsten lebendigen Reichtum im Überfluß aufweisen, findet sich hier nur Unfruchtbarkeit und Tod. Und man ist wie trunken von der Stille und der Leblosigkeit, während eine gesunde, reine Luft, unverbraucht wie bei der Schöpfung, darüber hinweht.

Die Sonne steigt, brennt, leuchtet mit ihrem weißen, immer strahlender werdenden Feuer. Am Boden verstreut liegen kleine schwarze Kiesel oder glitzernder Glimmer; aber keine Pflanze mehr, nichts mehr.

Die Landschaft wird zerfurchter, fast bergig: große, auf ewig unnütze und unbrauchbare Haufen von Kieseln und Steinen zeigen, man weiß nicht warum und für wen, sehr eigenwillige Formen, sie liegen dort ohne Zweifel unveränderlich schon seit Jahrhunderten, in derselben Stille und in derselben Lichtflut. Vor der blendenden Sonne schließt man unwillkürlich für längere Momente die Augen; öffnen sie sich wieder, wirkt der scharf abgegrenzte Horizont wie eine schwarze, von der Klarheit des Himmels abstechende kreisrunde Linie, während die Stelle, wo man sich gerade befindet und über deren silberglänzendem Glimmerterrain die Schatten der großen, unablässig schwankenden Tiere hinziehen, erstaunlich weiß bleibt.

Gegen Abend nähern wir uns einer Gegend mit hohen Bergen. Und zur Dämmerstunde, wo die Wintersonne unsere Schatten überlang zeichnet in dem großen Zirkusrund aus Sand und Stein, in dem wir uns befinden, breiten diese Berge eine wundervolle Farbenpracht vor uns aus, violett wie Schwertlilien am Fuße, rosa wie Pfingstrosen die Gipfel, und das Ganze vor einem durchsichtig grünen Himmel.

Immer länger werden die Schatten aller Dinge, der kleinsten Dünen, der kleinsten Steine; und unsere eigenen Schatten, die neben uns auf dem Sand herlaufen, sind fast unendlich; wir scheinen auf Stelzen gehende Kamele zu reiten, apokalyptische Tiere mit langen Ibisbeinen.

Indes bricht die Nacht herein, ehe wir unser Lager gesichtet haben. Wie endlos ist unsere heutige Etappe!

Jetzt ist dunkle Nacht, obgleich die Berge dort hinten beleuchtet bleiben, rötlich wie von einem inneren Feuer, das nicht verglüht ist. Und wir selbst befinden uns noch immer in der Dunkelheit kleiner Täler ohne jedes Leben, wo unsere Kamele, die nun nichts mehr sehen, aufstöhnen, weil sie nicht wissen, wohin sie den zögernden Fuß setzen sollen. Wo sind sie heute abend bloß, unsere Zelte? Unser Führer scheint sich nicht mehr auszukennen, und unbestimmte Besorgnis ergreift uns in dieser grenzenlosen Abgeschiedenheit.

Endlich, endlich sehen wir hinter einem Hügel Feuerschein, gelbe Flammen tanzen vor uns! Unsere Beduinen eilen uns jetzt mit Laternen entgegen. Sie haben unser Lager diesmal mit Bedacht aufgeschlagen, an eine Felswand angelehnt, die ein Gefühl der Sicherheit gegen nächtliche Überraschungen in uns weckt, und wir haben ein Empfinden des Zuhauseseins beim Betreten unserer Leinwandhäuschen, in denen die Fackeln angezündet sind; mit ihren gestickten Arabesken, ihren orientalischen Teppichen am Boden wirken sie in unseren Augen, die schon an die neutralen Farbtöne des Nichts gewöhnt sind, wie kleine Nomadenpaläste.

Indes hat sich derselbe kalte Wind wie gestern erhoben, derselbe, der sich anscheinend jeden Abend wie der Atem der Wüste erhebt. Wieder rüttelt er an der Leinwand unserer wenig stabilen Behausung in Nacht und Trostlosigkeit, die alles umschließen.

Und aus den Felsen, die uns anfangs wie ein Schutz vorkamen, treten Männer hervor; sie sind auf einmal da, unbekannte Männer mit schwarzen Gesichtern und weißen Zähnen, sie schleichen in der Dunkelheit um unsere Feuerstellen.

4

Sonntag, 25. Februar

Bei herrlichem Sonnenschein erwacht unser Lager, wird abgebaut, zusammengefaltet für die weitere Reise. Über der steilen Felswand steht am blauen Himmel der bleiche Mond, dessen erloschenes Auge unserem Aufbruch zusieht.

Bis zur brütenden Mittagszeit ist die Einöde mit schwarzen Kieseln übersät, wie mit Kohlenstaub bestreut, und diese Kiesel glitzern, glänzen unter der brennenden Sonne, täuschen den Dürstenden Feuchtigkeit vor. Stundenlang zieht sie vorüber, die schwarze Einöde voller Spiegelung; stellenweise zeichnen Salpeter und Salzablagerungen eine graue Marmorierung hinein. Nichts singt, nichts fliegt, nichts regt sich. Aber in die ungeheure Stille dringt wie ein gedämpfter Hammerschlag das unablässige, monotone Trampeln unserer langsamen Kamele …

Kommen gegen Mittag in eine weniger kahle Gegend. Am Rand einer Fläche, die wohl das Bett eines ausgetrockneten Flusses sein muß, wachsen farblose Tamarisken, bleicher Ginster mit weißen Blüten und sogar zwei hohe Palmen. Aufgeschreckt kreuzt uns der Flug einer grauen Schwalbe, Mücken umschwirren wieder die triefenden Augen unserer Kamele. Eine Andeutung von Leben. Zwei große schwarze Vögel, die Herren dieses Fleckens Erde, breiten ihre Flügel aus, lassen ihren Schrei in der Stille ertönen.

Sobald die Beduinen die Palmen sehen, wittern sie sogleich Wasser unter ihrem spärlichen Schatten und führen unsere Tiere hin. In der Tat hat sich in einer Mulde ein wenig Wasser angesammelt, und vor Freude brummend nähern sich unsere Kamele. Zwei oder drei versuchen gleichzeitig, ihre Mäuler hineinzustecken, verwickeln dabei ihre langgestreckten Hälse.

Dann beginnt wieder die Wüste, noch trockener und noch unfruchtbarer. Nach wie vor entfernen wir uns vom Roten Meer, das seit gestern nicht mehr zu sehen ist, dringen in das bergige Binnenland ein. Wie viele düstere Täler, wie viele große öde Kessel müssen wir noch vor der Nachtruhe durchwandern! Unsere Kamele gehen immer weiter, immer in demselben wiegenden, einschläfernden Schritt, finden fast von selbst die kaum sichtbaren Wüstenpfade, die andere Tiere, ihre Vorfahren, seit undenklichen Zeiten in derselben Richtung verfolgt und vorgezeichnet haben: die einzige, hin und wieder begangene im sinaitischen Arabien.

Gegen Abend begegnen wir drei undurchdringlich verschleierten Frauen auf jungen, rasch ausschreitenden Kamelen. Wenig später verfolgt ein bronzefarbener Junge, den ihr Enteilen zu beunruhigen scheint, dieselbe Richtung. Sein mit Muschelornamenten verziertes Kamel ist mit schwarzen Fransen und Quasten behängt, die beim Reiten im Wind flattern.

Je weiter der Tag sich neigt, um so höher ragen ringsum die Berge auf, um so tiefer werden die Täler. Die Berge sind aus Sand, Lehm und weißen Steinen, Gebilde aus unberührtem Material, zufällig zu geologischen Formationen angehäuft, nie von Menschen verändert, langsam vom Regen zerwaschen, langsam von der Sonne ausgedörrt, seit Beginn der Welt. Sie zeigen die seltsamsten Formen, man könnte glauben, eine Hand habe sie sorgsam ausgewählt und geordnet, immer nach ähnlichen Gesichtspunkten: eine Meile lang sieht man nur stufenförmige und wie in absichtlicher Symmetrie übereinandergesetzte Reihen von Kegeln, dann platten sich die Spitzen ab und werden zu Reihen zyklopischer Tische; schließlich folgen Dome und Kuppeln wie Überreste versunkener Städte. Und man ist verwirrt von der Gesuchtheit und Nutzlosigkeit dieser Bildungen, während all dies in derselben Todesstille, unter demselben unbarmherzigen Licht an uns vorüberzieht, immer mit demselben Glimmerstaub, mit dem die Wüste hier wie ein Prunkgewand übersät ist.

Von Zeit zu Zeit singt einer der Kameltreiber, und seine Stimme reißt uns aus Traum oder Schläfrigkeit. Sein Gesang ist eigentlich eine Folge von Rufen, unendlich wehmütig, in denen der schreckliche Name Allahs ohne Unterlaß wiederkehrt: dieser Gesang erweckt an den Felswänden der Täler helle Echos, fast schreckenerregende Klänge, die zuvor dort schliefen.

Am Abend, während der Stunde, in der der Zauber des Sonnenuntergangs sich nur für uns über der Wüste entfaltet, lagern wir in einem großen melancholischen und noch namenlosen Talkessel, der ganz aus hellgrauem Lehm besteht und von einer Wand hoher Felsen umgeben ist. Es

Wüstenlandschaft

gibt kein Wasser; aber wir haben noch für zwei bis drei Tage Nilwasser, und der Scheich, unser Führer, verspricht, daß wir morgen abend an einer Quelle lagern werden.

Sobald die Zelte aufgeschlagen sind, verstreuen sich unsere von ihrer schweren Last befreiten Kamele um das Lager auf der Suche nach spärlichem Ginster; unsere Araber, auf der Suche nach trockenem Reisig zum Feuermachen, gleichen Hexen in langen Röcken, die abends Kräuter für ihre Zaubergetränke zusammenlesen. Und für eine Nacht bringt unsere kleine Nomadenstadt den Schein von Leben an diesen verlassenen Ort, wohin sie niemals mehr kommen und wo morgen wieder Todesstille herrschen wird.

Je tiefer die Sonne sinkt, um so grandioser wird die Trostlosigkeit dieses Ortes. Ein riesiger Kessel, den verschüttete Städte zu umgeben scheinen; ein Wirrwarr an umgestürzten, zerborstenen Dingen, an Spalten und Höhlen. Und das Ganze – wie unsere Kamele, wie unsere Beduinen, wie der Erdboden und wie alles andere – ist von aschgrauem oder warmem braunen Farbton, der ewige Hintergrund, der neutrale und doch so intensive Hintergrund, auf dem die Wüste ihren Lichtzauber verbreitet.

Jetzt naht die Stunde des Sonnenuntergangs, die zauberische Stunde; auf den fernen Gipfeln zeigt sich für flüchtige Minuten glühendes Violett und flammendes Rot; alles scheint Feuer in sich zu bergen …

Jetzt ist die Sonne verschwunden, und obwohl sich alles verdunkelt, glimmt ein Feuer unter dem Aschgrau und dem Braun, den wirklichen Farben der Dinge, weiter. Dann ein Schauder, und plötzlich sinkt die Kälte herab, die unvermeidliche Abendkälte der Wüste.

Wenn es Nacht geworden ist, wenn die Sterne am unermeßlichen Himmel entzündet sind, wenn unsere Beduinen wie gewöhnlich als schwarze Schemen auf gelben Flächen rund um ihre Reisigfeuer sitzen, dann lösen sich zwölf von ihnen und stellen sich vor unseren Zelten im Kreis um einen von ihnen auf, der auf der Sackpfeife spielt, und sie fangen an, im Chor zu singen. Dem langsamen Takt des Spielers folgend, wiegen sie singend den Kopf. Die Weise ist alt und schmerzvoll, ohne Zweifel die gleiche, die schon ertönte, als Moses durch die Wüste zog. Trauriger noch als die Stille steigt unerwartet klagend diese Musik der Beduinen empor und scheint sich zu verlieren in der von Geräuschen entwöhnten Luft, die nach Tönen dürstet, wie der dürre Wüstensand nach Tau …

5

Montag, 26. Februar

Jeden Morgen an einer anderen Stelle der weiten Wüste erwachen, aus dem Zelt treten und sich in der Herrlichkeit des klaren Morgens bewegen; die Arme ausbreiten und sich halb entblößt in der frischen reinen Luft recken; auf dem Sand sich den Turban umwickeln und sich in den Schleier aus weißer Wolle hüllen; sich berauschen an Licht und Raum; beim Erwachen die sorglose Freude haben, nur zu atmen, nur zu leben …

Und dann wieder aufbrechen, hoch oben auf dem Dromedar, dem unermüdlichen Läufer, das sich im gleichmäßigen Paßgang bis zum Abend vorwärts bewegt. Träumend immer weiter, immer weiter und immer weiter, vor sich den haarigen, muschelverzierten Kopf und den langgestreckten

Hals des Tieres, der wiegend die Luft durchschneidet wie ein Schiffsschnabel das Wasser. Einsamkeit auf Einsamkeit an sich vorbeiziehen lassen, das Ohr lauschend spannen, und nichts hören in der tiefen Stille, weder Vogelgesang noch Fliegengesumm, denn nirgendwo ist eine Spur von Leben ...

Nach dem kalten Morgen erhebt sich rasch die brennende Sonne. Die vier ersten Stunden des Weges gen Osten, dem Sonnenlicht entgegen, sind die ermüdendsten des Tages. Endlich wird an einer beliebigen Stelle unter einem leichten und schnell aufgeschlagenen Zeltdach Mittagsrast gehalten, während uns der zahlreichere und langsamere Rest unserer Beduinen- und Kamelkarawane einholt, mit wildem Geschrei an uns vorüberzieht, im Unbekannten vor uns verschwindet. Nach vier weiteren Wegstunden am Abend endlich die ersehnte Ankunft, an dem immer wieder unvorhergesehenem, Ort die Stelle für die Nachtruhe, und man hat jedesmal eine kindliche Freude, sein Zelt wiederzufinden, vor dem das Dromedar niederkniet, um einen abzusetzen.

Heute früh beginnen wir den Tag in heißen Tälern zwischen erdrückenden Bergen. Die Sonne ist bleich, bleich wie ein großes armseliges Blenden, das vom Himmel hinabsteigt. Auf dem glitzernden Sand folgen die müden Augen dem Schatten der dahinziehenden Kamele, und wie immer, wenn man zu den fernen Bergen aufsieht, wirken diese schwarz im Kontrast zum hellen Glanz des nahen Wüstensands.

Nachmittags sind wir weit oben im einsamen Inneren der Halbinsel Sinai; neue Weiten öffnen sich zu allen Seiten, und der Eindruck der Ödnis ist hier wegen der sichtbaren Bestätigung ihrer Unermeßlichkeit noch beklemmender.

Eine fast bedrohliche Großartigkeit ... In der durchsichtigen Ferne, die man viel tiefer glaubt als die gewöhnlichen irdischen Fernen, schlingen und schichten sich regelmäßig geformte Bergketten in- und übereinander, die seit Anbeginn der Welt frei von jeder menschlichen Berührung geblieben sind und deren scharfe klare Umrisse nie von Pflanzenwuchs verwischt wurden. Im Vordergrund sind sie fast rotbraun; aber in ihrer Flucht gegen den Horizont durchlaufen sie wunderbar violette Töne, die allmählich in Blau übergehen und in der weitesten Ferne zum reinen Indigo werden.

Doch dies alles ist kahl, lautlos und tot. Es ist die Pracht unwandelbarer Landschaften, die frei sind von den vergänglichen Reizen der Wälder, der Matten und Wiesen; die Pracht der fast ewig bestehenden Materie, befreit von jeder Unbeständigkeit des Lebens; die Pracht der Erde vor der Schöpfung des Lebens ...

Am Abend entdecken wir von einer entfernteren Höhe aus eine Ebene ohne sichtbare Grenzen, nur Sand und Stein, betupft von kümmerlichem rostfarbenen Ginster. Sie ist von Licht überflutet, von Strahlen versengt, und unser dort unten bereits aufgeschlagenes Lager, unsere unendlich kleinen weißen Zelte erscheinen wie Behausungen von Pygmäen inmitten dieser leuchtenden Unendlichkeit.

Oh, welcher Sonnenuntergang! Nie sahen wir so viel Gold, nur für uns um unser einsames Lager ausgebreitet. Unsere Kamele, die ihren abendlichen Spaziergang unternehmen und sich wie immer eigenartig vergrößert vom leeren Horizont abheben, haben Gold auf den Köpfen, an den Beinen, auf den langen Hälsen; sie sind ganz mit Gold umsäumt. Und die Ebene ist ganz aus Gold, die Ginster sind vergoldete Sträucher …

Dann kommt die Nacht, die klare Nacht mit ihrer Stille …

Und in eben diesem Augenblick überfällt uns ein Gefühl von fast frommem Erschrecken, man könne sich vom Lager entfernen, es aus den Augen verlieren, ja uns selbst von diesen wenigen lebendigen, mitten im ausgestorbenen Raum verlorenen Wesen trennen, um noch vollkommener einsam zu sein im nächtlichen Nichts. Weniger fern, weniger unerreichbar als anderswo leuchten die Sterne in der Tiefe kosmischer Abgründe, und wer sie in der unwandelbaren und alterslosen Wüste anblickt, der glaubt sehr viel eher ihre unfaßliche Unendlichkeit zu begreifen; es kommt einem fast so vor, als sei man selbst Teil dieser fühllosen Dauer der Sternenwelt …

6

Sie brachen von Rephidim auf
und kamen in die Wüste Sinai,
und sie lagerten sich in der Wüste.
2. Buch Mose, 19, 2

Dienstag, 27. Februar

Der fünfte Tag ohne Wasser. Aber unser Vorrat vom Nil reicht noch aus.

Den ganzen Morgen weiter in derselben Ebene wie gestern, an Stelle des Ginsters nun noch spärlichere, weißlich grüne, halbversandete Pflanzenbüschel, dornige Kugeln, welche die Füße verletzen würden wie eiserne Igel.

Wir treffen nun auf große schwarze Steine, die wie Menschen oder Menhire aufrecht im Sand stehen. Zuerst nur vereinzelt, dann immer zahlreicher und auch immer höher; und je weiter wir in sanftem Wiegen vordringen, nehmen sie nach und nach den Umfang von Türmen, Burgen, Zitadellen an; zuletzt schließen sie sich zusammen, bilden Gänge, erscheinen wie Straßen einer zerstörten Zyklopenstadt und engen uns zum Schluß zwischen düsteren Wänden ein.

In einem dieser bedrohlichen, unheimlichen Täler halten wir Mittagsrast ...

Während wir auf unseren ausgebreiteten Teppichen schlafen, erhebt sich plötzlich in den widerhallenden Steinen wildes Geschrei. Es sind unsere Kameltreiber und unsere Kamele, die sich bemerkbar machen und dann weiterziehen; es ist die gesamte langsame Karawane, die uns jeden Morgen nachfolgt und uns während der Mittagszeit überholt, um uns am abendlichen Rastplatz voraus zu sein. Tiere und Menschen sind es gewohnt beim Vorübergehen einen schreiend zu begrüßen, und heute sind ihre Stimmen übertrieben laut und rufen verblüffende Echos zwischen den ausgedörrten Felsen hervor, die wie trockenes Holz erzittern.

Bis zur Stunde des Mohgreb (Gebet) bewegen wir uns in den engen, gewundenen Tälern, deren Felswände Farbe und Beschaffenheit ändern; sie bestehen jetzt aus rosafarbenem Granit, durch den sich blaue oder grüne Granitstreifen ziehen.

Auch ist diese Gegend weniger öde, denn hier gibt es Bäume, die ersten seit fünf Tagen. Recht elende Bäumchen, eine Art dornige Mimosen ähnlich denen in der Sahara oder im Senegal; in dieser frühen Jahreszeit haben sie kaum wahrzunehmende neue Blätter, und am Boden blühen ein paar weiße, sehr zarte Blümchen zwischen zerbröckeltem Granit.

An einer Kreuzung dieser Täler begegnen wir zwei prächtigen Beduinenkindern, Bruder und Schwester, die uns mit ängstlichen, schwarzen Samtaugen entgegenblikken. Sie sagen uns, daß oben in den Bergen Lager seien; in der Tat vernehmen wir in der Ferne Hundegebell, das unser Nahen ankündigt. Bald danach erblicken wir Ziegenherden, von schwarzgekleideten, schwarzverschleierten Beduinenfrauen gehütet.

Der alte Scheich unserer Kameltreiber kommt zu mir und bittet um Erlaubnis, uns bis morgen verlassen zu dürfen, weil er diesen Stamm besuchen möchte, bei dem Söhne von ihm leben.

Wir passieren die Gegend des Myrrhenberges; die ganze Wüste ist mit Wohlgeruch erfüllt; dünngesäte, kümmerliche Pflänzchen, von den Dromedaren zertreten, verströmen einen ungekannten, herrlichen Duft. Diese endlosen Pässe steigen nur unmerklich immer mehr bis zur zentral gelegenen Hochebene an, werden zwei weitere Tage ansteigen, bis wir auf eine Höhe von zweitausend Metern gelangen, wo wir auf das Sinaikloster treffen werden.

Die geologischen Umwälzungen haben in dieser Gegend noch nicht ihr Ende gefunden; erst vor kurzem müssen hier Felsmassen abgerutscht, mit dem Getöse eines Untergangs am Fuß der Abhänge zerbröckelt sein, denn gewaltige

Trümmer mit frischen Bruchstellen zeugen überall von Katastrophen, die vor kurzem stattgefunden haben. Wir verfolgen den weiter ansteigenden Weg über blaues und rosafarbenes Granitgeröll, zwischen dunklen Wänden aus dem gleichen, zumeist von oben bis unten gespaltenen Gestein, das jederzeit zusammenzustürzen droht.

Die Nacht verbringen wir zwischen bedrohlichen, finsteren Wällen aus rotem Granit in einem schon recht hoch gelegenen Tal, wo die Luft bereits eisig ist.

7

Am dritten Tage aber, als es Morgen wurde, erhob sich ein Donnern und Blitzen, und eine schwere Wolke lag auf dem Berge, und mächtiger Posaunenschall ertönte, so daß das ganze Volk im Lager erschrak.
2. Buch Mose, 19, 16

Mittwoch, 28. Februar

Mitten in der Nacht wecken uns Donnerschläge, die in diesem widerhallenden Tal gewaltig und furchterregend dröhnen. Ein Gewittersturm rüttelt an unseren dünnwandigen Häusern aus Leinen, droht sie fortzureißen; unsere Kamele stöhnen auf unter einem plötzlichen Sturzregen ...

Der Wind, noch mehr als der Regen, ist der Feind der Nomaden. Wir müssen aufstehen, mit Steinen alle Pfähle unserer Zelte tiefer einschlagen, die sich aufblähen wie Segel, sich losreißen, dann zerreißen, und danach abwarten und darauf gefaßt sein, keinen Schutz mehr gegen die kalte

Sintflut zu finden: ohnmächtige Hilflosigkeit der unendlich Kleinen beim Ausbruch unbezwingbarer Kräfte …

Draußen im dunklen, von ununterbrochenen Blitzen erhelltenTal herrscht apokalyptischer Schrecken; bis in die Grundfesten wird es durch grelles oder dumpfes Krachen erschüttert; es scheint zu erbeben, sich zu öffnen, in sich zusammenzustürzen …

Dann lassen die Donnerschläge nach, verstreuen sich, werden tiefer und hohler, als stürzten Welten in ferne Abgründe …

Schließlich beruhigt sich alles …

Nach und nach gelangt auch zu uns Stille, Sicherheit und Schlaf zurück.

Am kühlen und ruhigen Morgen, bei Sonnenaufgang, öffne ich mein Zelt, und ein so überwältigender Duft strömt mir entgegen, als sei ein mit Wohlgerüchen gefülltes Gefäß zerbrochen. Das ganze öde Granittal ist davon erfüllt, wie ein Tempel des Orients. Die spärlichen blassen Pflänzchen, die von der Trockenheit ermattet waren, hatten unter den nächtlichen Regenfluten das Leben zurückgewonnen und verströmten nun ihren Duft wie unzählige Räucherpfannen; man könnte meinen, die Luft sei erfüllt von duftendem Harz, Zitronenkraut, Geranien und Myrrhe …

Zuerst betrachte ich das dürre, so seltsame und so prächtige Tal, dessen rote Granitgipfel in der Morgensonne vor dem Hintergrund schwarzer, zerrissener, nach Norden eilender Wolken aufflammen. Dort oben hält der Sturm noch an, während hier unten die Luft reglos ruht.

Danach betrachte ich die Erde, von der all diese Wohlgerüche aufsteigen: sie ist mit weißen Körnern bedeckt wie nach einem Hagelschauer.

8

Und als der Tau weg war,
siehe, da lag es in der Wüste
rund und klein, wie der Reif
auf der Erde.

2. Buch Mose, 16, 14

Es gleicht dem Manna, was der nächtliche Wind und Regen gebracht und fast vor unseren Zelten aufgehäuft hat ... Ich hebe die »runden und kleinen« Dinger auf, sie sind weiß, sehr hart und schmecken nach Weizen – die ausgetrockneten Früchte dieser niedrigen, dornenreichen Pflanzen, die hier in bestimmten Gegenden die Berghänge überziehen.

Beim Aufheben dieses Manna habe ich die aromatischen Kräuter am Boden berührt, und meine Hände bewahren lange Zeit einen köstlichen Geruch.

9

Den ganzen Morgen durch endlose, gleichförmige, von roten Granitwänden gesäumte Täler marschiert, unmerklich immer weiter hinauf zum großen Sinai, den wir morgen erreichen werden. Die Täler werden breiter und die Berge höher; alles wird großartiger unter ständig sich verändernden dunklen Wolken; dort hinten vor uns entdecken wir durch riesige Steinfenster noch höhere, schneebedeckte Gipfel, die vor dem dunklen Horizont hell erstrahlen. Eisiger Wind weht uns von den Ausläufern des Sinai entgegen; peitschender Regen, mit Schnee und Hagel vermischt, schlägt uns entgegen; unsere Kamele schreien und zittern vor Kälte; unsere leichte Kleidung aus weißer Wolle, unser dünnes arabisches Schuhwerk sind rasch durchdrungen vom dahinrinnenden Wasser – und jetzt zittern auch wir, die Zähne zusammengepreßt, mit schmerzenden, erstarrten Händen, tödlich durchnäßt.

Während einer kurzen Windstille schlagen wir das Mittagszelt an einer geschützten Stelle, in einer düsteren Granitschlucht, unter unheilvoll dunklem Himmel auf; unsere Beduinen entzünden mit den wohlriechenden Zweigen ein Feuer mit hoher Flamme und viel Rauch, um das wir uns alle durcheinander setzen, jeder hat nur ein und dasselbe Bedürfnis, sich zu wärmen und nicht mehr zu leiden. Mit ihren schwarzen, nackten Gliedern, ihren Pelzlumpen, ihren wilden Köpfen, ihrem affenähnlichen Hinkauern gleichen unsere Beduinen prähistorischen Wesen, die um ein urzeitliches Reisigfeuer hocken.

Als wir uns zum Aufbruch erheben, bemerken wir, daß große grüne Skorpione, die sich auch wärmen wollten, mit uns zusammen auf dem bunten Teppich sind. Unsere Beduinen werfen sie in die glühende Asche des Feuers, wo sie sich winden und verbrennen.

Im Lauf des Nachmittags beginnt sich allmählich Farbe und Beschaffenheit des Gesteins zu verändern; der Granit wird brüchiger und farbloser. Unter der Kälte eines halbdunklen Winterhimmels setzen wir unseren Weg durch eine Reihe eng umrandeter Täler mit Sandboden fort, in den nur hier und da kleine Felsinseln in der Farbe der Kamele eingestreut sind. Nichts mehr von scharfen Ecken, von spitzen Kanten, von diesen frischen Felsabbrüchen, die wir während der letzten beiden Tage um uns hatten; im Gegenteil, ganze Haufen glattgeschliffener Blöcke mit weichen Formen, Abrundungen und bizarren an Tiere erinnernden Umrissen; man könnte sie für aufeinandergestellte Ungeheuer, Dickhäuter, Salamander, Larven halten oder besser noch für Massen im Entstehen begriffener Glieder, für Rüssel, für ineinander verschlungene und zusammengewachsene Arme. An den düsteren Kreuzungen dieser schmalen Durchgänge schemenhafte Elefanten- oder Sphinxköpfe, die wie Wachposten auf diesen grotesken Formen stehen, um die Trostlosigkeit zu betrachten und zu *bewahren*. Es bedurfte vieltausendjähriger Ruhe unter Sonne und Regen, um diese Ansammlung beunruhigender Dinge herauszuformen und zu glätten. Und immer dieselbe Stille und nirgendwo ein menschliches Wesen. Wir begegnen nur kleinen Vögeln von der eintönigen Farbe der Steine und einigen Eidechsen, schuppig wie Krokodile. Der Himmel bleibt trübe und lastend, verstärkt die unendliche Trostlosigkeit, und von Zeit zu Zeit gehen Schnee- oder Hagelschauer nieder.

Wir lagern auf einer Höhe von ungefähr tausend Metern in der Winterdämmerung zwischen erdrückenden Felsen am Eingang eines breiten Tales, einer Art Ebene, das rundherum wie von einer Unzahl toter Ungeheuer eingemauert ist.

Unter diesen großen fossilen Tieren suchen unsere Beduinen Schutz, zünden Feuer an unter Tatzen, Köpfen, Bäuchen, die fast glänzend poliert sind. Der bleigraue Himmel vermischt sich mit den Dingen auf der Erde in düsterer Verworrenheit. Und ein Rest fahlen Tageslichts verbleibt, ermöglicht einem gerade noch, die Weite dieser eingeschlossenen Ebene zu erfassen und zu erkennen, wie unheimlich sie ist.

Sinaikloster

Und noch immer fällt Schnee auf unser verlorenes Lager.

Wir fühlen jetzt, daß wir trotz des Reizes eines Nomadenlebens an schönen sonnigen Tagen keine richtigen Zeltmenschen sind; der Mensch der Steinhäuser, der sich durch langen Atavismus aus uns herausgebildet hat, fühlt ein unbestimmtes Grauen, wenn ihn weder Dach noch Mauern schützen, und er weiß, daß nirgendwo in dieser dunklen Wüste, deren Weite Angst einflößt, davon etwas zu finden ist …

10

Der Berg Sinai aber war ganz in Rauch gehüllt, weil der Herr im Feuer auf ihn herabgefahren war. Und der Rauch stieg von ihm auf wie von einem Schmelzofen, und der ganze Berg erbebte stark.
2. Buch Mose, 19, 18

Donnerstag, 1. März

Morgens, als wir unser Lager abbrechen, liegt der Himmel weniger tief, und es fällt kein Schnee mehr; aber es hängen schwere Wolken unbeweglich an den wie steinerne Tiere emporragenden Granitriesen, von denen wir gestern in der nebligen Dunkelheit nichts bemerkt hatten.

Durch beklemmende Schluchten, eine Art sandiger Gänge, steigen wir zwischen immer höher wachsenden, immer bedrohlicheren Felswänden weiter hinauf. Wir verlassen den Bereich der grauen tierischen Formen und kommen nun an braunen Granitfelsen vorbei, die erschreckend senkrecht aufragen. Die Kälte nimmt zu, und die Luft trägt den Schall erstaunlich weit. Gegen Mittag, als während der Ruhezeit unsere Beduinen vorbeikommen, eine vor Kälte zitternde Karawane, da prallt ihr Geschrei von den Felswänden zurück und hallt wider wie eine Fuge großer Orgeln in riesigen Kathedralen. Die Ferne wirkt schwarz und verschlossen, nur hier und da leuchtet das stumpfe Weiß des Schnees auf zwischen geheimnisvollen Wolken, die sich nicht von der Stelle rühren.

Von Stunde zu Stunde wird alles noch großartiger. Und am Abend schließlich entdecken wir durch die weißen Flockenstreifen, die die Luft erfüllen, zwischen düster umwölkten Granitgipfeln die hohen Mauern und die wenigen Zypressen des Katharinenklosters. Ach, wie still, wie kalt, wie traurig erscheint uns der heilige Berg Sinai, dessen Name allein aus der Distanz uns noch entgegenflammte. Die Zeiten sind wohl zu fern und wohl auf immer vergangen, da der Ewige in feuriger Wolke beim Erschallen schrecklicher Hörner herabgestiegen ist; das alles ist vorbei, der Berg ist leer wie der Himmel und unsere modernen Seelen; er birgt nur noch vergebliche, eisige Trugbilder, an die bald niemand mehr glauben wird ...

Wir finden dort unsere bereits aufgestellten Zelte zwischen alten, eingestürzten Mauern, in einer Schlucht, wo sich der Wind verfängt, und auf dem weißen Leichentuch, das die Erde bedeckt, liegen unsere Gepäckstücke herum; unser bescheidenes Lager bietet unter den Windstößen, die es schütteln und schier fortreißen, unter dem wiederauflebenden Schneesturm einen verworrenen Anblick. In unseren durchnäßten Gewändern vor Kälte zitternd, steigen wir von unseren großen Tieren herab, die leiden und klagen, beunruhigt über die weißleuchtende Finsternis, die peitschenden Windböen, die viel zu hohen Berge ...

In der Tat, die Lage scheint für die bevorstehende Nacht unhaltbar, und ich entschließe mich, dem Prior des Sinaiklosters durch einen Boten ein besonderes Empfehlungsschreiben zu überreichen, das der Patriarch von Kairo mir ausgehändigt hatte. Zugleich schildere ich ihm unsere Not, mit der Bitte, uns näher am Kloster lagern zu dürfen – irgendwo an seinen vor dem Sturm schützenden Mauern.

Die Antwort überbringt uns bald ein junger schwarzgekleideter Mönch, der ein wenig Französisch spricht: »Es gibt, sagt er, keinen näheren Lagerplatz; in der Schlucht, in der das Kloster steht, ist kaum eine Zeltbreite wischen Felsen und Mauern. Doch wenn Sie wollen, können Sie im Kloster selbst Unterschlupf finden und dort so lange bleiben, wie es Ihnen gefällt.«

Wir nehmen das Angebot an, behalten den Mönch bei uns, damit er noch vor dem Aufbruch unsere Mahlzeit teilen kann. Im eisigen Wind setzen wir uns zusammen an den Tisch, während unsere Beduinen ständig den Schnee herunterfegen, der sich bedrohlich auf den Zelten anhäuft.

Aber plötzlich taucht reichlich verstört der Bruder Pförtner mit einer großen Fackel und riesigen Schlüsseln in der Hand auf: »Nie zuvor, sagt er auf griechisch, noch nie, noch nie ist das Kloster solange offengeblieben! Aus ganz besonderer Rücksicht hat man auf Sie bis zu dieser späten Stunde gewartet, aber Sie müssen sofort hereinkommen, wenn Sie nicht die Nacht draußen im Schneesturm zubringen wollen.«

Wir lassen alles liegen und eilen in langgestrecktem Zug bei Laternenschein davon. Mit beiden Händen müssen wir den fortfliegenden Burnus festhalten, und bis an die Knöchel im frisch gefallenen Schnee watend, steigen wir hinauf in dunkler Nacht zwischen Felsbrocken und Granitgeröll.

Eine Viertelstunde, zwanzig Minuten Anstieg, wir verlieren unsere Babuschen, gleiten alle Augenblicke aus, müssen barfuß weiter.

Endlich erhebt sich vor uns eine Mauer, die riesig erscheint, denn nach oben verliert sie sich in der Dunkelheit, eine kleine, sehr niedrige, eisenbeschlagene, mindestens tausend Jahre alte Pforte öffnet sich. Wir treten ein. Gleich darauf stehen wir vor zwei ähnlichen Pforten, die einen Gewölbegang innerhalb einer dicken Außenmauer unterbrechen. Nach unserem Eintritt schließen sie sich wieder klirrend. Wir sind angekommen.

Unsere Kleidung und all das um uns herum, wir sind tief im Mittelalter: irgendeine nächtliche Ankunft von Sarazenen in einem alten Schloß ...

Weiter klettern wir auf unförmigen, in den Granit gehauenen Stufen, klettern im Innern dieser Zitadelle über baufällige Treppen hinweg, und im Schein unserer Laternen erblicken wir eine bizarre Ansammlung über- und ineinander geschachtelter arabischer Häuschen. Ganz oben sollen wir wohnen, in einer Art Pilgerherberge, deren spartanische, nur notdürftig eingerichtete Zimmer alle auf denselben langen Balkon mit schadhafter Brüstung gehen.

Gastliche Mönche in schwarzer Kutte und mit langem Frauenhaar beeilen sich, uns mit etwas heißem Kaffee zu stärken, uns mit ein paar glühenden Kohlen in einem Kupferbecken zu wärmen. In diesem fünfzehn Jahrhunderte alten Kloster hat alles den Anschein sorglosen Elends und orientalischen Verfalls. Unsere Zimmer, eins wie das andere, sind wie in den bescheidensten türkischen Häusern: weiß getünchte Wände, Fenster und Decke bestehen aus

Berg Sinai

nicht gestrichenem, von der Zeit geschwärztem Holz, breite, mit altem verblaßten Kattun überzogene Diwane. Und ein jeder von uns hat an der kahlen Wand ein einfaches Christusbild in schlichtem Holzrahmen, vor dem ein Licht brennt.

Auf den harten Diwanen, auf denen schon manch müder Pilger geruht haben mag, breitet man Bettücher und Dekken, steif wie Pappkarton, aus; wir legen uns hin, hochzufrieden über diese Unterkunft, denn draußen hören wir den Schneesturm toben, wir denken an unsere Zelte dort unten, an unsere armen Beduinen, unsere armen Kamele, die unmöglich hier untergebracht werden konnten und die nun ohne Schutz im Freien liegen, unter einem Leichentuch aus Schnee.

Ehe der Schlaf kommt, betrachte ich die zahlreichen Inschriften an den Kalkwänden: Namen der Pilger, die aus allen Gegenden der Erde hierher wanderten, russische, griechische, arabische Namen und ein französischer: »Prince de Beauvau, 1866.«

Allmählich läßt der Wind nach, und tiefe Stille legt sich mit der Nacht über die »Behausung in der Einsamkeit« ...

11

Das kleine Licht, das vor dem Christusbild zittert, erlischt in dem Augenblick, wo die Glocken der Frühmesse mit silbernem Klang durch die Stille hallen und mich wecken.

Dann sinke ich wieder in den Schlaf, bis ein heller Sonnenstrahl durch den Fensterladen dringt.

Die Tür öffnen, bedeutet einen Moment der Überraschung, fast der Verwunderung, so fremd ist der Ort ...

Die phantastischen Dinge, die wir bei unserer nächtlichen Ankunft kaum richtig sahen, stehen jetzt am kalten Morgen sehr real vor uns, merkwürdig deutlich in einem grellweißen Licht, unglaublich übereinander gestapelt, ohne jede Perspektive, so klar ist die Luft – und alles ist still, so still, als wären sie an ihrem tausendjährigen Alter dahingestorben. Eine byzantinische Kirche, eine Moschee, kleine Häuser, Klosterzellen; ein Gewirr an Treppen, Durchgängen, Bogen bis zu den Abgründen tief unten reichend; all das in Miniatur, auf ganz kleinem Raum übereinander gestellt; umgeben von dreißig Fuß hohen, respektablen Mauern und an den Abhang des gewaltigen Sinai gepreßt. Die lange Veranda, die vor unseren Zellen entlangläuft, ist selbst ein Teil dieser uralten, morschen, verwinkelten, hinfälligen Bauten, die einen, fast Ruinen, haben den ursprünglichen roten Granitton wieder angenommen, die anderen, weiß gekalkt mit orientalischem Geklecksе auf wurmstichigem Holz. Schon beim Einatmen der allzu kräftigen Luft hat man das Gefühl, sich auf ungewöhnlicher Höhe zu befinden, und doch wird man von allen Seiten überragt und wie in einem Brunnenschacht eingeschlossen; alle hohen Gipfel des Sinai streben in die Luft empor, erklimmen den Himmel, sind eine Art titanischer Mauern, gezackt und gestreift, alles aus rotem Granit – aber von einem blutigen Rot, ohne Flecken oder Schattierungen –, zu lotrecht und zu steil aufragend erzeugen sie Schwindel und Grauen.

Das wenige, das man vom Himmel sieht, ist von tiefem, klarem Blau, und die Sonne leuchtet verschwenderisch.

Glitzernder Schnee überpudert noch immer all dies; er krönt mit weißem Sammet die alten Mauern; er unterstreicht hier und da mit einem weißen Strich die Schrammen der herrlichen Granitfelsen rundum, denen man mit dem Blick folgen kann, wenn man den Kopf anhebt, wie sie zum strahlenden Zenit aufstreben.

Und immer umgibt die gleiche, unerhörte Stille dieses Klostertrugbild, dessen hohes Alter unter dieser Sonne und in diesem Schnee noch mehr hervortritt. Man fühlt, daß dies hier wirklich die »Behausung in der Einsamkeit« ist, rundum von Wüste umgeben.

In Kleidern wie Aladin spazieren wir auf unserer friedlichen, sonnigen Veranda auf und ab, denn zu Ehren der Mönche ließen wir aus dem Lager unsere schönsten Seidengewänder aus Asien herbeibringen. Wir sagen uns sogar, daß sich unsere Kleidung, deren Farben sich noch gegenseitig beleben, sehr gut auf dem Hintergrund der alten, weiß getünchten Wände und der roten Granitmauern machen müßte. Aber niemand ist da, um uns zu sehen ...

Hin und wieder geht ein weißhaariger Mönch in schwarzer Kutte und mit altersschwachem Gang eine der schmalen Treppen dieses Labyrinths hinauf oder hinunter, tritt dann durch einen der Bogengänge und verschwindet in irgendeiner Zelle. Sogleich danach sinkt wieder Todesstille nieder ...

Endlich erscheint der liebenswürdige Pater Daniel, der gestern abend mit uns das Essen unter dem Zelt teilte, und schlägt uns vor, mit ihm in die Kirche hinabzusteigen, die unterhalb von unseren Pilgerzimmern liegt. Wir folgen ihm durch eine Reihe schmaler Flure, Treppen, Gewölbe, wo geschmolzener Schnee niedertropft. Alles ist verwinkelt, schadhaft, abgenutzt. Wir treten durch alte Türen in arabischem oder koptischem Stil, teils mit Skulpturen, teils mit Einlegearbeiten verziert. Es gibt arabische, griechische oder syrische Inschriften, die jüngsten sind Jahrhunderte alt ...

Am Ende einer Art Hohlweg stehen wir endlich vor der Basilika. Man öffnet uns die beiden Flügel eines Tores aus Zedernholz, das vor dreizehnhundert Jahren geschnitzt wurde, und wir treten ein in die Wunder dieser Stätte, auf der Welt einzigartig, die durch ihre Lage am Rande der Wüste vor Revolutionen, Plünderungen, vor allen Umgestaltungen durch Menschenhand bewahrt worden ist und die in etwa so geblieben ist, wie sie Kaiser Justinian im Jahr 550 erbauen ließ.

Im ersten Augenblick ist das Auge geblendet, ja verwirrt durch die verschwenderische Fülle der Kronleuchter, der silbernen Lampen, die von der Decke herabhängen und über dem Mosaikboden eine Art zweites hängendes, kunstvolles, glänzendes Gewölbe bilden.

Doch danach ist man vom fast wilden Archaismus dieser heiligen Stätte mehr ergriffen als von seinem Reichtum. Es ist eine staunenswert gut erhaltene Reliquie aus alter Zeit; man fühlt sich in eine ursprüngliche und wundersame Vergangenheit eingetaucht, so fern und doch so gegenwärtig, daß es den Geist beunruhigt.

Die schwerfälligen Säulen haben unregelmäßige und halbbarbarische Kapitäle. Die Wände sind mit byzantinischen Malereien und Vergoldungen bedeckt, mit Marmormosaiken, alten verblaßten Stickerein und altem verschossenen Brokat. Der ganze Hintergrund der Kirche ist von einem fast arabischen, byzantinischen Geschmack, kindisch überladen, und der Vorhang, der dem orthodoxen Ritus folgend das Tabernakel verdeckt, ist aus einem jener wunderbaren, mit Blattgold durchwirkten persischen Stoffe, in die sich einst die Sultane kleideten.

Sinaikloster, Kirche

Durch eine kleine, sehr niedrige Seitentür dringen wir hinter diesem geschlossenen Vorhang ein in den alles übertreffenden Raum, wo das Tabernakel steht. Hier ist das Deckengewölbe ein Goldmosaik, wie in der Hagia Sophia, jedoch unversehrt, eine unschätzbare Reliquie, die von der umgebenden Wüste beschützt wurde. Das Tabernakel, das Bischofsgestühl sind aus erlesener, marmorner Einlegearbeit; die Stoffe von eher unbekanntem Stil haben unnachahmliche, verblaßte Stickereien. Hier gibt es auch zwei Reliquienschreine aus getriebenem und ziseliertem Silber, einst ein Geschenk Rußlands für die hl. Katharina; auf jedem liegt die Heilige in einem goldenen, mit Türkisen, Rubinen und Smaragden verzierten Gewand auf einem silbernen Kissen, dessen wundervolle Ziselierungen, eine wahre Geduldsarbeit, das Gewebe der alten chinesischen Seidenstoffe nachahmen. Man begreift, warum es mächtiger Mauern bedarf, um solche Schätze zu hüten. An den marmornen Wänden hängen in verschwenderischer Fülle Ikonen aus Gold, Silber oder Edelsteinen. Und auf Pulten sind Evangelien, pergamentene Handschriften ausgebreitet, die tausend oder zwölfhundert Jahre alt und in Gold oder Juwelen gebunden sind …

12

Da sprach er: Tritt nicht heran! Ziehe die Schuhe von den Füßen; denn die Stätte, darauf du stehst, ist heiliges Land.

2. Buch Mose, 3, 5

Hinter dem Tabernakel befindet sich das Heiligste schlechthin, die Krypta des »Brennenden Busches«, zu der uns ein Mönch durch kleine, noch niedrigere Türen, durch ein höhlenartiges Halbdunkel führt. In einer Art Vorraum, wo die alten, orientalischen Teppiche die Dicke von Samt haben, halten wir inne, denn ehe wir eintreten, müssen wir unsere Babuschen ausziehen: dem Gebot des 2. Buch Mose gehorchend, betritt man nur barfuß diese heilige Stätte. Und nach Überschreiten der Schwelle sind wir tief im sechsten Jahrhundert, umgeben von den Wunderdingen längst vergangener Zeiten.

Der Ort ist dunkel, ganz mit alter, blaugrüner Fayence oder Mosaiken aus Gold verkleidet, die unter den Ikonen aus Gold oder Juwelen, unter der verschwenderischen Fülle der Leuchter aus Silber oder Gold, die von der niedrigen Decke hängen, verschwinden. Starre heilige Frauen in karminroten Gewändern, deren Gesichter von unförmigen, funkelnden Kronen beschattet sind, blicken auf die Eintretenden herab. Wir hatten zweifellos ihre Blicke vorausgesehen, und für sie hatten wir unsere kostbare orientalische Kleidung bringen lassen; in der Tat, den kindlichen und prächtigen alten Künstlern, Malern oder Goldschmieden gegenüber wäre es eine Entweihung gewesen, wären wir hier in der Kleidung unseres schäbigen und gottlosen Jahrhunderts eingetreten. Nie und nirgendwo hatten wir uns so vollständig in früheste Zeiten zurückversetzt gefühlt. Geschlechter, Völker und Reiche sind wie Ströme dahingeflossen, seit diese kleinen Kostbarkeiten dort stehen, still am selben Platz, im selben Glanz erstrahlen, der nur langsam verblaßt. Selbst der uns begleitende Mönch mit seinem langen roten, bis zu den Schultern reichenden Haar und seiner bleichen asketischen Schönheit wird in allem den Erleuchteten der frühesten Zeit gleichen, und sein Denken muß unendlich weit entfernt sein von dem unseren. Selbst der matte Sonnenstrahl, der durch das einzige kleine, von den dicken Mauern noch verengte Fenster dringt und einen vielfarbenen Kreis auf Ikonen und Mosaiken wirft, ist wie ein Glanz aus alter Zeit, irgendein vor tausend Jahren entsandter Lichtschein ...

Den Hintergrund der Krypta bildet ein mit ziseliertem Silber ausgelegter Andachtsraum, in dem die Leuchter angezündet sind: hier soll der heiligen Überlieferung nach der Engel des Ewigen Moses im brennenden Busch erschienen sein.

13

Es gibt noch weitere Kapellen, in die man uns über schmale Treppen und niedrige Bogengänge führt; eng, dunkel, geheimnisvoll nisten sie hier und da in den Winkeln des alten Labyrinths zwischen schäbigen Zellen und elenden Lagerstätten. Alle enthalten erstaunliche, altertümliche Dinge, die von den Jahren, den Würmern und dem Moder bald zu Staub zerfallen sein werden.

Auch Bibliotheken finden sich hier, kaum größer als Schiffskabinen, aber sie enthalten ausschließlich einzigartige oder sonst nicht zu findende Werke. Eine Zelle ist mit syrischen Handschriften angefüllt, die andere mit griechischen aus byzantinischer Zeit, alte, unbezahlbare Pergamente, mit großer Geduld und in klösterlicher Stille illuminiert, Bücher von der Hand des heiligen Basilius und des heiligen Chrysostomus, Evangelien, die Kaiser Theodosius mit schöner Schrift gestaltet hat ... Und Jahrhundert um Jahrhundert nagt der Staub daran; und der winterliche Schnee, der auf den Dächern schmilzt und durch die morschen Decken herabtröpfelt, bildet schwarze Flecken darauf.

Wir verlassen die eisige Feuchtigkeit der Klosterzellen und Kapellen und umrunden die Festungsmauern auf schmalen Wegen, über hochgelegene weißgekalkte Terrassen, auf die die arabische Sonne niederbrennt, trotz des scharfen Windes und des nahen Schnees.

Der Blick fällt von oben herab in die granitroten Abgründe, auf deren Grund, im kalten Schatten, sich an die hundert in grauschwarze Lumpen gehüllte, ausgehungerte Beduinen, die aus der fernen Wüste gekommen sind, versammelt haben: denn gleich wird es die Brotverteilung geben, die dreimal in der Woche stattfindet. Nie, niemals lassen die Mönche einen Beduinen durch die schmale Klosterpforte treten, wahrscheinlich aus Furcht, er könnte etwas von den Reichtümern erblicken. Aber zwei einfache Brüder stehen in einem der vorspringenden Schilderhäuschen, die über dem Abgrund hängen – und die früher, als die Türen überhaupt nicht geöffnet werden durften, dazu dienten, die Pilger in Körben hinaufzuhissen. Wenn die Stunde der Almosen gekommen ist, lassen die Brüder ein langes, in einer Winde laufendes Seil hinunter; die Beduinen stürzen sich sofort darauf, jeder hängt ein Kleidungsstück daran, und der gewaltige Packen Lumpen wird wieder hinaufgezogen. Dann nimmt ein Mönch einen dieser Fetzen, schüttelt ihn über dem Abgrund und ruft:

– Wem gehört dieser Burnus?

– Mir, antwortet eine Stimme unten.

– Wie viele seid ihr in der Familie?

– Sieben.

Daraufhin werden sieben Schwarzbrote in den Burnus gewickelt und aus dreißig Fuß Höhe hinabgeworfen ... So geht es weiter, bis zum letzten.

Arme Menschen des Schattens dort unten, mit wilden Köpfen und begehrlichen Augen, wir müssen ihnen wie Prinzen aus *Tausendundeinenacht* vorkommen, wie wir im Sonnenlicht in Seidenkleidern herumspazieren. Aber diese hohen Schutzmauern trennen uns nicht mehr lange von ihnen. Unsere außerhalb verbliebenen Zelte und unser Gepäck scheinen uns bereits allzusehr ihrem Wohlwollen überlassen zu sein, und bald werden wir ihnen preisgegeben sein, wenn wir unser Nomadenleben in einsamen und weniger sicheren Gebieten wieder aufnehmen.

Hier und heute müssen wir einen endgültigen Entschluß fassen über den weiteren Weg durch die Wüste von Petra.

Das führt zu langen vertraulichen Beratungen mit unserem Führer, mit den Arabern unserer Eskorte und mit den umsichtigen Klostermönchen – babylonisches Palaver, bei dem griechisch, arabisch, türkisch, französisch und englisch gesprochen wird. Das Ganze wird dadurch erschwert, daß den Beduinen der Zutritt ins Kloster untersagt ist; die unsrigen halten deshalb ihren eigenen Rat in dem Gewirr der roten Felsen; sie sitzen auf dem Granit im Kreis, und jedesmal, wenn man ihren Vorschlag hören oder ihnen einen neuen Gedanken mitteilen will, muß man eilends über die vielen schmalen Treppen hinabstolpern und durch die dreifachen Türen der Festungsmauer gehen.

Endlich steht unsere Entscheidung fest: der treueste unserer Beduinen wird heute abend auf unserem schnellsten Dromedar den aufsässigen Scheich aufsuchen und ihm den Brief des Saïd Omar überbringen, zudem einen weiteren eines heiligen Hadjes aus Mekka, der uns seinem Wohlwollen anempfiehlt, und einen dritten, den ich selbst aufgesetzt habe und in dem ich ihn frage, ob er uns durchlassen wolle, welchen Tribut er verlange und wie lange er uns in seinem Herrschaftsbereich zurückzuhalten gedenke.

Dieser als zuverlässig geltende Beduine ist zudem damit beauftragt, ihm zu überbringen, daß wir eine schriftliche Antwort möchten, von ihm unterschrieben und besiegelt; daß wir hier, hinter den Klostermauern, auf seine Antwort warten werden, daß wir, falls sie ungünstig ausfallen sollte, nach Suez zurückkehren, also auf die arabische Wüste verzichten und uns zu Wasser nach Jerusalem begeben würden. Die letzten drei Punkte sind jedoch nur List und Tücke, denn wir wollen das Kloster in drei Tagen verlassen, um unserem Boten (der für seine Mission sechs Tage und sieben Nächte beansprucht) entgegenzureisen und ihn an einer verabredeten Stelle, drei Tagesetappen von hier, an der Kreuzung zweier Täler zu erwarten, von denen das eine nach Petra, das andere nach Nakel führt. Fiele die Antwort ungünstig aus oder kehrte der Bote nicht zurück, so würden wir uns von dort aus der Oase Nakel zuwenden und das Gebiet des großen Scheichs umgehen, ohne daß er davon etwas ahnt.

Wir sind also noch für drei weitere Tage Gäste des düsteren Klosters, das wir schon morgen in der Frühe zu verlassen gehofft hatten. Da wir nun diese Entscheidung getroffen haben, überkommt uns in dieser »Behausung in der Einsamkeit«, wo wir noch so manche Stunde verbringen werden, ein Gefühl des Friedens und des melancholischen Wartens.

Den letzten Sonnenstrahl des Tages suchend, schlendern wir über die höchsten Festungsmauern. Es ist kaum vier Uhr, und schon verschwindet die Sonne hinter den furchteinflößenden Granitfelsen, die den Himmel verdecken, monströse, außerordentlich scharf ausgeschnittene, alles beherrschende und erdrückende Stellwände über unseren Häuptern.

Plötzlich versteckt sie sich, die Sonne, hinter einem dieser schwindelerregenden Felszacken, und augenblicklich überfällt uns eisig der Schatten, während eine ähnliche, gegenüberliegende Felsspitze noch lange hell beschienen bleibt, und von dem Halbdunkel aus, in dem wir uns befinden, gesehen, leuchtet sie in rotem, fast höllischem Schein auf dem tiefen Blau des Himmels.

Nachdem Pater Daniel seine Andacht verrichtet hat, schlägt er uns vor, mit ihm in die Gärten hinunterzugehen, und wir steigen wieder einmal diese Art Brunnen hinab, der das Kloster ist, um aus seinen Mauern herauszukommen. Es wird immer kälter, wir müssen mit beiden Händen unseren Burnus festhalten, an dem der Wind zerrt.

Die den unfruchtbaren Bergen nach und nach abgerungenen Gärten bestehen aus übereinanderliegenden Terrassen, auch sie von großen Mauern umgeben, die aber keine Verteidigungswälle sind; im Falle einer Belagerung, müßten sie ganz offenkundig preisgegeben werden. Dort wachsen Zypressen, Olivenbäume, Reben, einige Zitronenbäume, deren Blätter von Hagel und Schnee gebräunt sind. Unter alten Bäumen liegt ein abgelegener, eingefaßter Ort, den der Mönch in seinem seltsamen Französisch die »Abtötung« nennt: es ist der Friedhof der Klostergemeinschaft, wo die Toten ohne Rang und Namen in höchster Entsagung nebeneinander ruhen. Wir stehen hier bereits in völliger Dämmerung, während über unseren Köpfen die steil aufragenden und bedrohlichen Granitfelsen noch im Sonnenlicht baden. Es ist so kalt, daß wir umkehren müssen.

Bevor wir erneut die gewaltigen Mauern durchschreiten, halten wir inne, um die erste der drei niedrigen Türen zu betrachten, über der steinerne Pechnasen vorspringen, aus denen Belagerer mit siedendheißem Wasser oder Öl übergossen wurden; über der Tür sind zwei Marmorplatten eingefügt, eine in syrischer und eine in griechischer Sprache, die besagen, daß das Kloster im Jahr 550 unter dem Kaiser Justinian erbaut worden ist.

Entschlossen treten wir wieder ein. Es ist zudem höchste Zeit, denn die drei eisernen Pforten müssen stets vor Einbruch der Nacht verriegelt sein. Während wir erneut die schmalen Treppen und schadhaften Mauern hinaufklettern, erzählt uns der Pater von den Belagerungen, die das Kloster erlebt hat, von den Sarazenenheeren, die von Norden und Osten kamen, von den Beduinenhorden, die sich unter den Mauern versammelten, um die heiligen Schätze zu plündern ... Und ganz wie Menschen im Mittelalter steigen wir so hoch hinauf, wie wir nur können, um von den Terrassen der Festungsmauern nach unserem Boten Ausschau zu halten, dessen Kamel mit großen Schritten in die Wüste hinauseilt ...

Dann sinkt die Nacht und mit ihr extreme Stille.

Wir gelangen wieder in unsere dürftigen Zimmerchen, wo der Schein des Lichtes vor dem Christusbild von einem eisigen Windhauch hin und her bewegt wird.

14

Samstag, 3. März

Noch immer der eiskalte Wind, der den lichtstrahlenden Himmel fegt. Doch der Schnee schmilzt nach und nach auf den roten Felsüberhängen.

In unseren dürftigen Zimmerchen, wo der Wind durch alle Ritzen des alten Holzes dringt, ist es bitter kalt. Und wir ziehen es vor, unsere Zeit draußen zu verbringen, auf den kleinen Terrassen herumzustreifen oder in den Bogengängen, auf den schmalen Treppen oder auf den uralten Galerien, die zu winzigen Kapellen aus alten Zeiten führen. Die Stille ist unglaublich; man befindet sich hier zwischen Ruinen, bei den Verstorbenen. Und da diese Totenstadt in zweitausend Meter Höhe liegt, weit ab von jedem menschlichen oder tierischen Leben, ist die Luft hier unverbraucht, vollkommen rein.

Nur ganz selten das vereinzelte Hin und Her schweigender Mönche, bald über uns, bald unter uns, huschen sie jedesmal durch Türen, die Katzenlöchern gleichen, in Felsnischen aus gestampfter, roter Erde – Greise mit langen weißen Haaren, die wie Höhlenmenschen in ihre Behausungen heimkehren.

Katzen tun dasselbe wie wir; sie schleichen geräuschlos über die kleinen, windgeschützten Dächer, auf kleinen Mauern entlang und suchen ein wenig von der wärmenden

Sonne zu erhaschen, die schon bald wieder hinter den gewaltigen Granitmassen dort oben verschwinden wird.

Welche Verlorenheit, welche Grabesstille mit dem Gefühl, rundherum, an allen Seiten, bis ins Unendliche nur vom Leichentuch der Wüste umgeben zu sein!

Zu bestimmten Tages- und Nachtstunden: Bum! Bum! Bum! Im Glockenturm schlägt ein Mönch mit einem großen Holzhammer in einer besonderen Weise und in einem seltsamen Rhythmus gegen ein langes Holz, das dort aufgehängt ist – Teil eines Baumes aus der Zeit der griechischen Kaiser. Es ist der *Synamder*, ein Instrument aus längst vergangener Zeit, das in den christlichen Kirchen der ersten Jahrhunderte Einzug hielt, als sarazenische Tyrannei das Glockengeläut untersagte. Sein Klang ist trocken, traurig wie ein Klappern von Knochen; und die Schläge, mal voneinander getrennt, mal zwei zusammen, mal langsam und dann wieder sehr schnell, unumstößlichen, jahrtausendealten Regeln folgend, gleichen einer geheimnisvollen Sprache von Eingeweihten.

Beim Ruf des Synamder kommen die Mönche aus ihren kleinen Beträumen, ihren kleinen Zellen, von oben und von unten, aus all ihren winzigen, baufälligen Löchern heraus; etwa zwanzig, meist alt und gebrechlich, mit langen weißen Haaren und Bärten, die auf die schwarze Kutte fallen; sie lenken ihre Schritte zu den Stufen der Basilika und treten langsam durch das beeindruckende Zederntor in das unvergleichliche Heiligtum ein.

Wie Gefangene in den Zitadellen früherer Zeiten stehen wir am Abend auf einem der vorspringenden Winkel der Festungsmauer; nur von hier aus kann man durch einen

Sinaikloster, Befestigungsmauern

Einschnitt im rundum geschlossenen Bergmassiv einen Ausblick auf die ferne Sandwüste gewinnen.

Wir sehen die schweren, schwarzen Wolken vom dunklen Horizont nahen. Ein heulender Wind treibt sie auf uns zu; sie steigen rasch, verfinstern den Himmel und künden erneuten Schnee für die Nacht an.

Es ist die Stunde des Sonnenuntergangs, die Festungstore unter unseren Füßen werden verriegelt und schließen uns von der kalten Einöde dort draußen ab.

Dann kommen die Mönche, um uns eine gute Nacht zu wünschen und uns davon zu unterrichten, daß morgen früh, nach dem Gebet, eine Karawane zu dem kleinen Hafenort Tore aufbrechen wird und, falls wir möchten, unsere Briefe für die bewohnte Welt mitnehmen kann.

15

Sonntag, 4. März

Schon sind wir an die »Behausung in der Einsamkeit«, an das Labyrinth ihrer kleinen auf- oder absteigenden, eigenwillig ineinander verschachtelten Bauten gewöhnt.

Und wir finden uns jetzt besser zurecht: es ist im wesentlichen ein rechteckiger Komplex von siebzig bis achtzig Meter Seitenlänge, eine Art tiefer Schacht, mit Festungsmauern zum Schutz gegen Angreifer und die Jahrhunderte, und einem wunderbaren, bleigedeckten, granitenen Schrein, die Basilika, in der Mitte.

Zwischen den Mauern und der Kirche erhebt sich, wie es der Zufall ergab, die zweitrangige Ansammlung kleiner Bauten aus gestampfter Erde, Holz, gebranntem Kalk, eine Art orientalisches Dorf, hochgetürmt auf kleinster Fläche und von schweigenden Mönchen bewohnt, die die Wächter jahrtausendealter Reliquien sind. Von Zeit zu Zeit stürzen neben der unwandelbaren Kirche die Häuschen aus gestampfter Erde zusammen, und man baut sie genauso wieder, ohne größere Sorgfalt, in derselben einfachen Art und Weise. Das einzig Besondere an ihnen ist ihr Alter und ihre außergewöhnliche Einfachheit, nur hier und da einige wenige bestechende Details: eine alte Tür von koptischer Arbeit, mit Intarsien aus Zedernholz und Elfenbein; ein altes sarazenisches Bogenfenster; ein altes fein ziseliertes Stück arabischen Marmors.

In der Nacht heulte ein starker Schneesturm. Aber vor Tagesanbruch hatte sich alles beruhigt.

Und heute morgen erklingen das Synamder und die Sonntagsglocken in unbewegter Luft und rufen die Mönche zur Basilika. Als wir unsere Türen auf unsere überhängende Veranda öffnen, ist die strahlende, sehr warme Sonne Arabiens da, die alles erfreut und belebt. Hähne krähen in dem ummauerten Garten, ein Hund bellt; Töne des Lebens, die erklingen und sich in Echos zwischen den gewaltigen Granitwänden verlängern. Ein Frühlingszauber, ziemlich unnütz und befremdlich an dieser Geisterstätte, schwebt in der lauen Luft. Trotz des in schattigen Winkeln angehäuften Schnees ist es fast warm.

Nach der Messe kommt Pater Daniel zu uns. Sein Französisch, in zwei Monaten aus einem Buch gelernt, ist noch recht kindlich; er konjugiert die Verben sehr schnell und mit leiser Stimme vor sich hin, ehe er sie gebraucht. Er zeigt mir ein frisches, in der Sonne trocknendes Leopardenfell und sagt: »Der, Monseigneur ...« Dann konjugiert er rasch mit leiser Stimme: »Ich esse, du ißt, er *gegessen*, wir essen ...«, und seiner Sache sicher fährt er fort: »Der, Monseigneur, *gegessen* Kamel! Ja, ja, der so klein, er *gegessen* Kamel!«

Man sagt uns, daß Leoparden in dem Teil der Wüste, den wir durchqueren wollen, häufig vorkommen.

Die Basilika, die die Mönche gerade verlassen haben, ist heute morgen vom sonntäglichen Weihrauch durchweht; er schwebt noch als zarte, graue Wolke bis zur halben Höhe der Säulen. Wir finden dort den Mönch mit dem schönen Wachsgesicht und den langen Locken, der uns am Vortag die Tür zur heiligen Krypta öffnete und der einer der wenigen jungen Männer in der Klostergemeinde ist.

Mit förmlicher Langsamkeit zündet er die Lichter in den silbernen Lampen wieder an. Seine Blässe, seine leuchtenden Augen flößen beinahe religiöse Ehrfurcht ein, so sehr gleicht er einem byzanthinischen Christusbild auf verblaßtem Goldgrund, das zum Leben erwacht ist ... Oh, welch eigenartiges Asketenantlitz, strahlend und ernsthaft im Heiligenschein seines roten, lang wallenden Haares! ... Und schon bald verstärkt sich noch die Ähnlichkeit in dieser jeglicher Träumerei günstigen Umgebung, man könnte meinen, nicht eine zum Leben erwachte Ikone, sondern Christus selbst, Christus, wie er demütig irdische Arbeit verrichtet, mitten unter diesen alten Gegenständen, die den Eindruck noch verstärken ...

Er ist jedoch nur ein einfacher Klosterbruder, der niedere Dienste in der Kirche versieht und das Licht unterhält. Geduldig zeigt er uns im einzelnen die Gottesstätte, läßt uns den Marmor, die Mosaiken, die goldenen und silbernen Ikonen sehen, indem er die schützenden Hüllen aus altem Brokat zurückzieht.

Auch im kleinen Raum des Tabernakels öffnet er uns auf

Bitten von Pater Daniel nochmals die beiden großen Reliquienschreine, das Geschenk eines russischen Kaisers. Sie enthalten nur Kirchenschmuck, Stoffe aus dem 12. und 13. Jahrhundert, Gefäße und Kreuze in vergangener Goldschmiedekunst.

Aus einem dritten Schrein aus schlichtem Marmor zieht er zwei Reliquienkästen aus massivem, ziseliertem Gold mit düsterem Inhalt hervor. In einem liegt die vertrocknete, schwarze Hand der hl. Katharina, die mit Ringen und Armreifen geschmückt auf einem seidenen Kissen ruht. In dem anderen der Kopf der Heiligen, mit einem juwelenbesetzten Diadem gekrönt, schreckliche Überreste in Watte gebettet, die nach dem Balsam von Mumien riechen ... Danach wird alles wieder sorgfältig geschlossen, wahrscheinlich für Jahre; der schwere Marmordeckel des Schreins wird wieder über die massiv goldenen Kästen geschoben und eine wunderschöne rosafarbene Brokatdecke darüber geworfen.

Während der Mönch sich niederbeugt, um die Stoffalten rund um diese Art Sarg zu richten, fallen seine Haarlocken auf die prächtige Seide herab, und man hat den Eindruck einen bestattenden Christus zu betrachten ...

Bevor wir wieder in die Wüste aufbrechen, möchten wir nochmals die Krypta des brennenden Busches sehen – und ein letztes Mal treten wir dort ein, barfuß, lassen auf den Teppichen unsere langen weißen Gewänder nachschleppen.

Alles ist wie gestern und wie vor tausend Jahren. Das winzig kleine Fenster, wie eine Schießscharte in die Mauer eingelassen, wirft den gleichen Lichtschein durch die altertümlichen Glasscheiben, auf die Fayencen und Goldmosaiken der Wände. Die Heiligen, die Märtyrer sehen uns unter ihren goldenen und edelsteinbesetzten Heiligenscheinen auf dieselbe Weise an. Und in unseren Augen ist der Mönch, mit dem langen, roten Haar und den schönen, edlen Zügen, Christus geworden – Christus in einfacher, schwarzer Kutte mitten unter diesen angehäuften Reichtümern, er steht neben uns, lebt und bewegt sich; seine Gegenwart überrascht nun nicht mehr in diesem Umfeld aus den ersten Jahrhunderten, das uns heilige Schatten heraufbeschwört …

Ein anderer Ort der Geister und der Staubkörner ist ein halbdunkler Saal neben dieser Bibliothek voller griechischer Pergamente und wo die vom Kaiser Theodosius niedergeschriebenen Evangelien aufbewahrt werden. Ein Arbeitssaal für Mönche und Besucher. Durch Rundbogen erhält er nach maurischer Art gedämpftes Licht aus einem Innenhof; ein herrlicher, persischer Marmorbrunnen steht dort wie verloren, und die Sitze, die man wie gewöhnliche Gegenstände benutzt, sind mittelalterliche Sessel in Form eines x, die wahre Museumsstücke darstellen. Bilder von Heiligen, von Bischöfen, nach Art der alten Meister gemalt, hängen an den Wänden, und durch andere Rundbogen gelangt man in kleine, ganz dunkle Beträume, an deren Rückwand Lampen brennen – stille Winkel des Mysteriums und des Todes, angefüllt mit seltsamen Reliquien vergangener Zeiten. Alles wirkt verlassen, rettungslos verfallen; alles ist klein, schief, zusammengepreßt aus Mangel an Raum zwischen den erdrückenden Festungsmauern – und der geschmolzene Schnee fällt Tropfen um Tropfen von der Decke herab wie in einer feuchten Höhle.

Draußen jedoch strahlt die Sonne, scheint immer wärmer. Heute schwebt wirklich so etwas wie tiefe Sonntagsruhe über dem widerhallenden Kloster, während die alten Dächer sich nach und nach von dem weißen Leichentuch freimachen, das die vergangenen Nächte darauf geworfen hatten. Er schmilzt, der Schnee; alle Katzen sind unterwegs, um trockene, sonnige Flecken aufzusuchen, und ein hundertjähriger, von den Klosterregeln befreiter Mönch spaziert mit ihnen umher, tief gebückt unter seinen langen, weißen Haaren und ohne Unterbrechung den Rosenkranz betend.

Unten am Fuß der mächtigen Mauern, in den traurigen, ummauerten Gärten, hat man eine Vorstellung vom orientalischen Frühling; die grauen Olivenbäume, die mit weißen Blüten bedeckten Mandelbäume und die rosa blühenden Birnbäume heben sich frisch und klar vor dem unerbittlichen Hintergrund des gezackten, gestreiften roten Granits ab, der hier den Himmel ersetzt – denn der Himmel ist so weit oben, daß man ihn vergißt ... Er ist einmalig, dieser Frühling, der einzig und allein für diesen künstlichen Garten und für den baumbepflanzten Friedhof gekommen zu sein scheint, denn nirgendwo in dieser Unermeßlichkeit aus Sand und totem Gestein fände er etwas anderes, daß er ergrünen lassen könnte.

Es ist unser letzter Tag im Kloster. Bei Sonnenuntergang steigen wir wie allabendlich auf die Terrasse hinauf, von wo man durch den großen Einschnitt in den Granitmassen ein kleines Stück Horizont sieht. Diesmal gehen wir hinauf, um die kleine, sichtbare Strecke Wüste zu überprüfen, wohin wir morgen zurückkehren: der Himmel dort hat sich beruhigt, ist klar und sanft, ein neuer Sturm ist von dieser Seite für unsere Abreise nicht in Sicht.

In den von uns bewohnten Teil des Klosters hat unsere Gegenwart etwas Leben gebracht. Die asketischen Mönche, die uns nur Unterkunft, aber keine Mahlzeit anbieten konnten, haben uns gestattet, unsere syrischen Diener eintreten zu lassen, um uns unsere Reisevorräte herbeizutragen.

Heute abend geben sich unsere Leute besonders viel Mühe und braten ein Lamm, das Beduinen gekauft haben, denn Pater Daniel und der Pater Verwalter sollen zum Abschied, der wahrscheinlich für immer sein wird, unsere letztes Mahl mit uns teilen...

16

Montag, 5. März

In aller Frühe, die Mönche haben sich nach dem Nachtgottesdienst wieder schlafen gelegt, steigen wir die Treppen des Klosters hinab, gehen zum letzten Mal in unserem Leben durch die dreifach eisenbeschlagene Tür aus der Zeit Kaiser Justinians.

Kein Windhauch mehr; noch liegt Schnee über unseren Köpfen; aber auf dem Boden und den nahe liegenden Dingen nur eine dünne Schicht Rauhreif. Es herrscht eine überaus angenehme und klare Kälte. Wir steigen weiter hinab über Granitgeröll, zwischen gewaltigen roten oder rosa Felsblöcken, und kommen nach einer Viertelstunde an unser Lager, von wo uns wildes Geschrei entgegenschallt. Unsere Zelte, unser Gepäck, alles am Boden, im Sand; Kamele irren umher und bald fünfzig Beduinen stehen dicht gedrängt beieinander, die alle auf einmal losbrüllen.

Denn heute haben wir, bevor wir ein anderes Gebiet betreten, unseren Scheich und unser Geleit gewechselt; folglich gibt es unvermeidlichen Streit zwischen denen, die uns verlassen, und denen, die uns nun begleiten werden.

Zudem hat uns der neue Scheich fünfunddreißig statt der verlangten zwanzig Kamele herbeigeführt, die er uns aufdrängen will, um uns noch mehr zu übervorteilen. Aber das ist eine Angelegenheit unseres Dolmetschers. Um in der Wüste den richtigen Ton zu bewahren, dürfen wir keinen Anteil an dem Streit nehmen, sondern müssen im Gegenteil würdevollen Gleichmut beweisen, indem wir uns einfach hinsetzen und abwarten.

Wir befinden uns in einem Bergtrichter, wo uns gerade die strahlende Morgensonne erreicht. Rundum und ganz nah wachsen die riesigen, vollkommen roten Granitfelsen in den tiefblauen Himmel empor.

Der Grund der Schlucht ist mit einem ganz ungewöhnlichen Sand bedeckt, einem roten Granitstaub, der mit blauen Kieseln bestreut und weißem Reif überpudert ist. Natürlich fehlt hier das Grün der Bäume und Gräser, und das auf alle Ewigkeit. Aber auf diesem Sandboden, der so fein und von so seltener Farbe ist, sind unsere verstreuten Gepäckstücke vielfarbige Schmuckkästchen, Decken und Teppiche ein schimmerndes Durcheinander, und dann die großen mit weißer Muschelstickerei und schwarzen Wollfransen verzierten Kameltaschen – der große Luxus der Nomaden.

Zwischen all diesen Dingen, ein andauerndes Gefuchtel erregter Beduinen. Leute mit schmalen Bronzegesichtern, die langen, bloßen Arme aus den abgetragenen Burnussen strecken. Und auf schwärzlichen Lumpen oder Tierfellen glänzt das blankgeputzte Kupfer ihrer Pfeifen, ihrer alten Flinten, die viele getötet, ihrer Hirschfänger, die manchen Leib zerteilt haben ...

Und dieser ausgedörrte Granit wirft den Schall so stark zurück, daß es scheint, als brülle man überall, in unterschiedlicher Höhe über unseren Köpfen, in den anderen Schluchten aus rotem Gestein, das sich bis in die Weiten des Himmels hinaufstaffelt.

Für Augenblicke wird das Geschrei entsetzlich, die Gestik immer heftiger; man packt sich gegenseitig am Kopf, was eine Form der Beschwörung ist.

Und dann scheint sich alles zu beruhigen; die Kamele müssen niederknien, um beladen zu werden, und wir haben den Eindruck, daß wir bald aufbrechen. Aber da geht alles wieder von vorne los, und unsere Hoffnung schwindet.

Manchmal setzen sich zwei oder drei von ihnen abseits, um auszuruhen, sie werden plötzlich sehr ruhig, rauchen ihre langen Pfeifen und erholen sich, um ihr Geschrei aufs neue fortzusetzen.

Pater Daniel und der Pater Verwalter kommen vom Kloster herunter, um uns Lebewohl zu sagen. Sie ergreifen für uns Partei, und man scheint sie mit Ehrerbietung anzuhören, denn sie verteilen doch regelmäßig Schwarzbrot an die Hungrigsten des Stammes.

Dank ihrer Intervention nimmt nach fünf Viertelstunden das große Gebrüll ein Ende. Alles ist schließlich vereinbart, wir werden nur zwanzig Kamele haben. Wir besteigen unsere Tiere und brechen auf.

Stundenlang ziehen wir durch stille, hallende Täler, mitten durch geologische Eigenheiten, bald zwischen schroffen braunen oder rosafarbenen Granitfelsen, bald durch sehr losen grauen Granit, der seit Beginn der Welt vom Regen gemeißelt und poliert worden ist und einem großen Haufen vorsintflutlicher Tiere gleicht.

Diesmal marschieren wir alle zusammen, da wir wegen des morgendlichen Streits keine Zeit hatten, unserem Gepäck vorauszureisen. Zu unserer Karawane gesellen sich noch die fünfzehn abgewiesenen Kameltreiber mit ihren Tieren, die nun zu ihrem Stamm zurückkehren. Ohne jeden Groll geben sie uns das Geleit, schwatzen und singen dabei.

Nach und nach kommen wir von den Höhen des Sinai herab und gelangen allmählich wieder in die angenehme Wärme der tieferen Lagen. Und gegen Abend sind wir bereits in der weiten und gleichförmigen Sandwüste mit ihren kleinen blaßgrünen Gewächsen, diesen Heil- und Gewürzpflanzen.

Bei Sonnenuntergang lagern wir inmitten dieser kümmerlichen, köstlich duftenden Pflanzen. Rundum umgibt uns endlose Weite statt der erdrückenden roten Granitfelsen, die uns dort oben vier Tage lang umschlossen hatten. Und der Sinai, den wir nur noch aus der Ferne sehen, ragt wieder einsam über alle Berge mit seinem schneebedeckten Gipfel empor.

Es tut uns körperlich wohl, wieder dünnere weiße Wolltücher anzulegen, hier in der plötzlich milden, von Wohlgerüchen geschwängerten Luft, im Angesicht der leeren, für eine Zeitlang von all diesem erdrückenden Chaos der Granitfelsen befreiten Horizonte. Leichter und freier streifen wir um unsere Zelte, mustern die Beduinen unserer neuen Karawane, die wilder, ausgehungerter und dunkler aussehen.

In der Sternennacht behält der Sand seinen warmen, rötlichen, wunderbar feinen Farbton, den wir schon vergessen hatten und auf dem Kamele und Büsche wie Setzlinge

Sinaikloster, Klostergarten

dunkle Flecken bilden. Unsere Beduinen setzen sich rund um ihre Feuer, und die hell leuchtenden Flammen, der wohlriechende weiße Rauch steigen zu der blauschwarzen Wölbung empor, die vom Tropenlicht unterhalb des Horizonts schräg angeleuchtet wird und deren Sternbilder der Erde näher gerückt oder durch Hohlspiegel vergrößert scheinen. Dann beginnt in den reglosen Gruppen die Sackpfeife zu klagen, und ein heiserer Chorgesang wird leise angestimmt; eine uralte Weise, wie sie hier die frühesten Hirten bereits sangen und die zögerlich und schrill in der viel zu tiefen Stille erzittert.

17

Dienstag, 6. März

Im kalten Morgenglanz treten wir aus unseren Zelten heraus. Weißer Rauhreif liegt wie feines Pulver auf dem Sand, auf den fahlen, wohlriechenden Pflanzen Myrrhe, Absinth, Josefskraut.

Die Ebene hat ihre eintönige Tagfarbe angenommen; aber über dem flachen Horizont tauchen weit hinten alle Granitzacken der Sinai-Bergkette auf: sie sind ganz rosa, von einem leuchtenden Rosa wie auf farbigen Glasfenstern, mit irisfarbenen Streifen; jenseits der farblosen Einöde, in der wir uns befinden, könnte man an die Erscheinung einer Feenwelt glauben, die nicht zu der unseren gehört, die selbständig und unbeständig im Himmelsraum schwebt.

Eiskristalle glitzern überall auf den Zeltwänden. Anderswo, im Norden, würde man bei solcher Kälte grausam leiden, so leicht bekleidet wie wir sind, die Brust dem Wind ausgesetzt; aber in diesem Licht- und Sonnenglanz spürt man den so nicht vorstellbaren Frost kaum, und die Luft ist zudem so trocken, so erfrischend, daß sie uns doppelte Kraft verleiht, alles zu ertragen.

Heute morgen gibt es rundum lautes Geschrei. Die gestern abgewiesenen Beduinen, die in unserer Nähe gelagert hatten, können sich nicht entschließen, ohne eine gewisse Entlohnung weiterzuziehen, und beanspruchen von den Glücklichen, die uns begleiten, einen Teil von dem, was wir ihnen gegeben haben. Die Folge sind lärmende Streitereien, die abermals unseren Aufbruch verzögern. Doch heute früh läuft alles ohne große Erbitterung ab, es ist fast zum Lachen, nur ein Bedürfnis, Lärm zu machen, die Lungen zu weiten, sie mit klarer Luft zu füllen, nach Art der Tiere, nach Art unserer Kamele, die jedesmal die Wiederkunft der Sonne mit Raubtiergebrüll begrüßen ... Reines Morgenlicht ergießt seine Pracht über diese urzeitliche Szenerie, verklärt die in schmutzige Lumpen gehüllten Menschen, veredelt ihre heftige Gestik und verhüllt sie wie Götter ...

Weiter und weiter durch die Ebene, unter brennender Sonne und eisigem Wind, immerzu die fahlen, wohlriechenden Pflanzen zertretend.

Die Wüste, einförmig wie das offene Meer, ist genauso abwechslungsreich. Vorgestern waren es die riesigen Granitfelsen; gestern die Sandflächen, und heute betreten wir das Gebiet der Mühlsteine, die um uns herum ständig neue Überraschungen hervorbringen, nie zuvor gesehene Anblicke bieten. Vor uns hat sich ein düsteres Labyrinth von Tälern aus gelblichem und weißem Gestein geöffnet; ihre waagerecht übereinandergeschichteten Felswände sehen aus, als wären sie von Menschenhand erbaute Mauern mit regelmäßigen Steinlagen. Es ist, als käme man durch zerstörte Städte, durch Straßen – Straßen für Riesen – zwischen Ruinen von Palästen und Zitadellen. Die aufgeschichteten Bauten werden immer höher, immer übermenschlicher, nehmen die Form von Tempeln, Pyramiden, Säulengängen oder großen alleinstehenden Türmen an. Überall herrscht der Tod, der unumschränkte Tod, mit seinem Schrecken und seiner Stille …

Von Zeit zu Zeit singen unsere Kameltreiber. Ihr Gesang ist ein trauriger Schrei, der sich in absteigendem Tonfall hinzieht, um mit einer Klage zu enden. Und wie jedesmal erwecken ihre Stimmen Schwingungen in dieser Welt von ausgedörrtem Gestein, lange, unerwartete Echos in diesem hallenden Nichts.

Die hier vorherrschenden Pflanzen, deren Wohlgeruch die Luft erfüllt, sind beinahe farblos, kaum etwas grüner als die Steine; sie riechen nach feinen, in der Sonne liegenden Äpfeln, nur sehr viel kräftiger und würziger. Wahrscheinlich kommen von weither Gazellen, um sie abzugrasen, denn im Sand finden sich Abdrücke sehr schmaler Hufe, wie sie in großen Sätzen davonspringende Tiere hinterlassen, die bei rascher Flucht nur knapp den Boden berühren … Und plötzlich erscheinen weit oben Gazellen, jagen wie der Wind auf dem Gipfel einer dieser beeindruckenden Bergwände dahin, und augenblicklich haben sie sich wieder in der weißen blendenden Ferne verloren …

Nachdem wir die mittägliche Rast auf dem stark duftenden Sand verbracht haben, den Kopf unter dem weißen Burnus versteckt, erfaßt uns beim Erwachen eine bis dahin noch nie gespürte Beklemmung vor der Wüste.

Und diese Beklemmung nimmt im Laufe des Nachmittags noch zu, während unsere Dromedare uns wiegend weitertragen durch die immer gleichen, immer trostloseren Täler, die wie viel zu unwirtliche, viel zu große Ruinen aussehen. Es ist etwas Unerklärliches, ein Heimweh vielleicht, eine Sehnsucht nach dem Frühling, der in anderen Gegenden grüne Blätter und Blüten hervorbringt und den wir hier versäumen. Hier ist nichts, niemals; es ist ein unheilvoller Teil der Erde, der unberührt bleiben möchte und wohin der Mensch nicht kommen sollte ... Und den Beduinen preisgegeben, die uns führen, dringen wir dort immer tiefer und immer tiefer ein ins völlig Ungewisse, das immer düsterer wird trotz der drückenden Sonne und wo, man weiß nicht welche, stumme und bedrohliche Zerstörung zu brüten scheint ...

Aber der Abend kommt wieder, der Abend mit seiner Magie, und wir lassen uns erneut verzaubern.

Um unser kleines vertrauenerweckendes Lager, um den ganzen kahlen Horizont herum, der jetzt nichts Bedrohliches mehr hat, entzündet der dämmernde Himmel einen unvergleichlichen rosa- und orangefarbenen, schließlich grünen Rand, der schrittweise bis zum Zenith aufsteigt und dann erlischt.

Es ist die unbestimmte und herrliche Stunde, in der unsere duftenden Feuer hell zu leuchten beginnen und der weiße Rauch zu den ersten Sternen emporsteigt; die Stunde, in der unsere Kamele wie große unwirkliche, gutmütige und träge Schafe die schmächtigen Sträucher aufsuchen und die wohlriechenden kleinen Äste abgrasen; die Stunde, in der unsere Beduinen sich in die Runde setzen, um sich Geschichten zu erzählen und um zu singen; die

Stunde der Ruhe und die Stunde des Träumens, die erlesene Stunde des Nomadenlebens …

18

Mittwoch, 7. März

Je mehr wir uns von den Hochebenen der Sinaiwüste entfernen und zum Golf von Akaba hinabsteigen, um so heißer brennt die Sonne, um so weniger kühl ist der Wind.

Den ganzen Morgen bewegen wir uns wie gestern durch titanische Ruinen von Festungsmauern, Tempeln und Palästen … Regen, Hitze, Bergstürze müssen hier Jahrtausend um Jahrtausend unendlich langsam gearbeitet, mit künstlerischer und symmetrischer Absicht die härtesten mineralischen Adern bloßgelegt, die weichen zerstört, ausgehöhlt, gemeißelt, zerbröckelt haben, um dieses Trugbild einer erschreckenden und übermenschlichen Stadt zu erschaffen, worin wir nun schon zwanzig Meilen zurückgelegt haben, ohne auch nur das Ende abzusehen.

Gegen Mittag färbt sich die Wüste überall schwärzlich, so weit das Auge reicht; schwärzlich sind die Berge; schwärzlich ist der mit schwarzen Kieseln bestreute Sand; die allerblassesten Pflanzen sind auch verschwunden; es ist die absolute Ödnis, der große unstrittige Triumph des Todes. Und darüber lastet eine so drückende, so bedrohliche Sonne, die nur zum Töten durch Ausdörren geschaffen scheint! … Noch nie haben wir vergleichbar Trostloses gesehen: man erstickt in Dürre und Düsternis, wo alles Licht aufgesaugt und vernichtet scheint; man ist hier wie in einer entvölkerten, vom Feuer verzehrten Welt, die kein Tau mehr befruchten wird … Und die unbestimmte Angst vom

Vortag wird zu Schrecken und Entsetzen.

Am Abend jedoch gelangen wir in das Tal des Brunnens (Wadi-el-Aïn), wo wir unser Lager aufschlagen müssen. Die erste Oase, seit wir durch die Wüste ziehen, und sie erscheint uns wie ein verzauberter Ort, denn sie eröffnet sich ganz plötzlich wie ein neues Bühnenbild zwischen zwei steilen Bergflanken. Sie ist eingeschlossen, prächtig ummauert von Granitfelsen, die hier wieder rot wie im Sinaigebirge sind, vielleicht noch roter. Im Hintergrund und in der Mitte erhebt sich wie ein Tempel, wie eine indische Pagode, eine bizarre geologische Laune, eine gigantische regelmäßige Pyramide, fast symmetrisch flankiert von kleinen Türmen. Der Sockel ist von so leuchtender Farbe, als wäre er mit Blut angestrichen, wogegen die Spitze aus zweifellos besonderem Granit heller wird und ins Schwefelgelbe übergeht.

Vom Dunkelrot der hohen Felsen heben sich Palmenblättersträuße von zu leuchtendem, fast blauem Grün ab, teils als dichte Büschel am Boden, teils auf langen, sich neigenden Stielen. Und Tamarisken und Schilf und fließendes Wasser, das über die Steine plätschert! Unsere durstigen Kamele schreien nach dem frischen Naß, laufen darauf zu und stecken gierig ihre heißen Köpfe hinein. Und nach all den düsteren Bildern plötzlich wie berauscht von der Pracht dieses verborgenen Edens schlagen wir freudig erregt unser Lager auf in diesem dreifachen Kreis blutroter Felsen zwischen herrlichem blauen Blattgrün.

Hier werden wir den Boten erwarten, den wir an Mohammed-Jahl, den Scheich der Wüste von Petra, gesandt haben. Er hätte schon hier sein müssen. Wir werden noch einen Tag oder zwei Tage auf ihn warten, und wenn er dann nicht erschienen ist, werden wir uns zu dem Umweg über die Oase Nakel entscheiden müssen. Unsere Beduinen zeigen zudem keine Lust, ohne besondere Erlaubnis weiter in das Gebiet des großen Wegelagerers einzudringen.

19

Donnerstag, 8. März

Oh, dieses Wadi-el-Aïn, dieses Tal des Brunnens! Mit welchen Worten, mit welchen der Dichtung des alten Orients entliehenen Bildern dies im Granit der Wüste verborgene Eden beschreiben?

Am Morgen, am strahlenden Morgen erkunde ich aufs Geratewohl die zauberische Oase, in der unsere kleine weiße Zeltstadt für zwei bis drei Tage aufgeschlagen bleibt. In den tiefsten Höhlungen des Tales fließt klares, frisches Quellwasser in rosafarbenen Granitbecken, die glattgeschliffen wie polierter Marmor und ohne eine Pflanze oder Alge sind und deren Grund durchsichtig scheint wie die künstlichen Badebecken für die Waschungen der Sultaninnen oder Huris. Das seltene, das kostbare Wasser fließt dahin, bald verborgen in den letzten rosigen Falten der Bekken, bald auf seinem Weg in kleine sandige Tümpel sich ergießend, an denen Schilf, Tamarisken und Palmen mit breiten blauen Blätterwedeln wachsen.

Beim Vorbeigehen bewundert man jeden dieser wildwachsenden Gärten. Plötzlich ist der paradiesische Winkel hinter gewaltigen Granitblöcken versteckt, und man sieht nur noch die geglätteten Steine, unter denen das Wasser sich verbirgt, bis an einer Wegbiegung das Wunder von neuem beginnt und ein anderer zauberischer Hain auftaucht. Der Himmel ist natürlich kristallklar, wie der Himmel eines Eden zu sein hat. Und die Vögel singen in den Palmen; Libellen schillern über dem Schilf; und das Sonnenlicht spiegelt sich trotz der überhängenden Felsen auf dem dahineilenden Wasser wider.

In einem tiefen Becken mit sanft abfallenden Rändern, ähnlich einem prächtigen Königssarg, beende ich meinen Spaziergang, um ein Bad zu nehmen; als ich die Augen erhebe, erblicke ich große Tiere von vorsintflutlicher Gestalt, die ganz oben am Rand sich niederbeugen und mich mit vorgestrecktem Hals betrachten wie einen alten Bekannten: unsere Dromedare, die ganz offenkundig über Mittel nachsinnen, zu dem begehrten Wasser zu gelangen, und die vielleicht so auf ihre Weise den lieblichen Morgen genießen.

In der Oase kann man überall mit leichten Babuschen oder auch barfuß umhergehen; der Granit hat sich durch stille Jahrhunderte so lange abgenutzt, daß er jetzt ohne scharfe Kanten, glatt und glänzend ist. Oder der Boden ist mit feinem Sand bedeckt, auf dem man wie auf Samt geht und den Spuren der Leoparden und Gazellen die Fußspuren von Menschen hinzufügt. In dieser Gegend der Welt, wo Regen, Rauch, Staub und Schweiß unbekannt sind, wird die Kleidung nie schmutzig; man kann hingehen, wo man will, und sich auf dem trockenen und sauberen Boden ausstrecken, ohne die langen weißen, hier üblichen Wolltücher zu beschmutzen – durch die Sonne und belebende Luft hindurchdringen, um die Brust zu härten und zu bräunen.

Es herrscht ein besonderer, ein unvergleichlicher Friede in dieser noch nicht entweihten Oase, die ringsum von der unendlichen toten Wüste umgeben und beschützt ist. Ohne jede Ungeduld verbringen wir dort unsere Zeit des Wartens.

Ein einziger Augenblick der Unruhe im Lauf des Tages – wegen einer großen Schlange, die sich auf einer der Palmen zeigte. Unsere Beduinen, die sie mit anderen Augen als wir sahen, behaupten, sie habe zwei Köpfe und daher sei es Barkil, der König der Schlangen, der auf jeden Fall getötet werden müsse. Und sie gehen mit Steinwürfen in dem schönen Palmenhain auf eine vergebliche Jagd.

20

Freitag, 9. März

Gestern abend hatten wir beschlossen, nicht länger auf unseren wahrscheinlich verschwundenen Boten zu warten, sondern heute aufzubrechen, um dennoch das Abenteuer über Petra zu wagen.

Heute morgen allerdings, vor Tagesanbruch, höre ich hinter meiner Zeltwand, dicht an meinem Kopf, lautes Händeklatschen, was in unserer Karawane das Zeichen zum Aufbrechen ist, und die fröhliche Stimme unseres Dolmetschers ruft mir auf türkisch zu:

– *Bizum adem gueldi*! ... (Unser Mann ist gekommen), und zwar mit einem recht zufriedenstellenden Schreiben des großen Scheichs!

Ich antworte:

– Kommen Sie herein, herein in mein Zelt, zeigen Sie mir schnell den willkommenen Brief.

Und er tritt ein, die große Laterne vor sich her tragend, und übergibt mir das gefaltete Schreiben mit dem Siegel des Mohammed-Jahl.

Nach den hier üblichen Begrüßungsformeln wünscht uns der Scheich von Petra eine glückliche Ankunft und teilt uns mit, daß er uns bis Akaba entgegenkommen und ein Geleit sowie Kamele mitführen und er sich verpflichten werde, uns bloß zwölf Tage in seinem Gebiet aufzuhalten, um uns nach Palästina zu bringen. Der Brief schließt mit den Worten:

»Im Namen Allahs, der alles ist, und nicht im Namen des Sultans von Istambul, der nichts ist.

Mohammed-Jahl«

Wir brechen nun unser Lager viel freudiger ab, nicht ohne Bedauern, diesen Ort verlassen zu müssen, den wir nie wiedersehen werden und der im Morgenlicht besonders bezaubernd ist.

Als wir die rosafarbenen Wasserbecken aufsuchen, um ein Bad zu nehmen, während unsere ausgeruhten Dromedare gesattelt werden, finden wir überall im Sand die Dramen der Nacht mit neuen Spuren geschrieben: schmale Gazellenhufe und Leopardentatzen. Das Tal des Brunnens, das am Tag eine Oase der Stille ist, wird in der Dunkelheit zu einem Stelldichein sich gegenseitig belauernder Tiere, die von weither kommen, um an dieser einmaligen Quelle zu trinken ...

Wir ziehen durch den Hintergrund der Bühne weiter, über schwierige Paßwege, die sich um den roten Berg mit den Umrissen einer indischen Pagode winden. Eine oder zwei Stunden lang durchqueren wir das reine Chaos, kurz nach irgendeiner Katastrophe: unvollendete Bergrutsche, abstürzende Felsen, Täler, die sich kaum geöffnet haben. Schiefhängende Steinhaufen über unseren Köpfen drohen mit erneutem, baldigem Zusammensturz; alles, was noch steht, scheint so instabil, von nur winzigen, zufälligen Umständen vor der völligen Zerstörung aufgehalten, daß es genügte, an einem ganz kleinen Kieselstein zu rütteln, um von neuem Einsturz über Einsturz herbeizuführen, einer den anderen in furchtbarer Weise mit sich reißend. Es ist sonderbar, diese Felsen, die erst kürzlich die Wüste mit Beben und Sturmgetöse erfüllt haben, in solcher Reglosigkeit, in solcher Ruhe zu sehen.

Wir sind im übrigen schon in anderen Regionen gewesen, wo der Tod an der Arbeit war. So verwittert und zerfällt nach und nach dieses ganze Arabien, das weder Erde noch Pflanzen kennt, das nichts als immer weiter ausgebleichtes Gebein ist. Von Zeit zu Zeit stürzen seine Berge zusammen; von den Jahrhunderten werden sie zerbröckelt, langsam zu Sand, den Wind und Regen im Winter ins Rote Meer treiben.

Wir entschließen uns, zu Fuß über diese scharfkantigen Bergtrümmer zu wandern und unsere Tiere vorauszuschicken. Man weiß, daß eine leise Erschütterung, der Gesang eines Menschen ausreicht, um eine stockende Lawine zu lösen; so könnte auch hier unser Gänsemarsch und das Schwanken unserer Kamele den Sturm der Steine wekken …

Als wir diese gefährliche Gegend hinter uns gebracht haben, lassen wir uns gern von der gewohnten Wüste mit ihrer Monotonie aufnehmen.

Wenn die große Wüste ihre Farbe verändert, so geschieht es meist mit einemmal; die Berge, der Boden, die Pflanzen verändern sich gleichzeitig und nehmen alle dieselbe neue Farbe an.

Wir betreten nun bis zum Abend das Reich der Farbe Grau, eines stumpfes Aschgrau, das hier und dort mit einem hellen Braunton geädert ist.

Es sind die letzten Ausläufer der Bergkette des Dschebel-Tih, die wir morgen überqueren werden, finstere Engpässe mit immer steiler aufragenden Felswänden. Es gibt ganz enge Täler mit dunklen Eingängen, deren Trostlosigkeit bedrückend ist; andere sind sehr breit, deren großartigere Trostlosigkeit erweckt entsagungsvolle, fast wohltuende Gedanken an den allmächtigen Tod ohne Wiederkehr und an das Ende aller Dinge …

Grau sind die hohen Gipfel, grau die Steine, grau die kümmerlichen Pflanzen. Ein Wind erhebt sich, der den schweren, aschigen, alles bedeckenden Sand aufwirbelt, und am Himmel jagen genauso graue Wolken gen Westen.

Während der mittäglichen Rast, in einer Felsvertiefung, wo unsere ausgebreiteten Teppiche in der grauen Umgebung noch bunter wirken, nähern sich zwei Bachstelzen, die uns piepsend gefolgt waren, und mit munterer Frechheit picken sie mitten unter uns die Brotkrümel auf. Unter den wenigen Lebewesen gibt es anscheinend eine Art Vertrag oder Waffenstillstand …

Immer höher die Berge, immer stürmischer der Himmel; an manchen Biegungen der Schluchten heult der Wind entsetzlich.

Habe mit Erstaunen violette, den Primeln ähnliche Blumen gepflückt, die in großen Abständen einsam blühen.

Gegen Abend in dem düstersten Tal, zwischen riesigen aschgrauen Bergen, während einer Sturmböe, eine Nomadenfamilie getroffen. Der Mann und die Frau sind halbnackt – er schwerbewaffnet –, sie haben drei Kinder; das kleinste, ein Junge von drei bis vier Jahren, sitzt rittlings auf den Schultern seiner verschleierten Mutter; mit seinen langen, im Wind flatternden schwarzen Haaren ist er unbezahlbar und liebreizend. Ihre Kamele haben auch ein Junges, das wild herumtollt. Ihre Ziegen haben mehrere, die meckernd dahertrippeln. Eine umherziehende Gemeinschaft von Mensch und Tier, die einander beistehen und sich trotz der Kargheit des ausgedörrten Bodens zu vermehren, das Leben zu genießen versuchen. Sie kommen wahrscheinlich von weit her und wissen sicher nicht, wo sie Besseres finden könnten. Nachdem der Mann uns mit einer gewissen Scheu den üblichen Gruß entboten hat, erkundigt er sich, woher wir kommen, merkt, daß wir trotz unserer Überzahl keine feindlichen Absichten haben, und stellt daraufhin die Lebensfrage: »Haben Sie Wasser gefunden?« Wir antworten: »Ja, gehen Sie ins Tal des Brunnens, so und so viele Wegstunden nach Westen.« An einer Biegung des grauen Labyrinths verlieren wir sie aus dem Blick.

Asche und wieder Asche. Wir kommen nicht mehr aus dem stumpfen Grau, dem losen, staubigen Gestein heraus.

Wir lagern in einer kleinen, öden Ebene, wo es schon vor Sonnenuntergang fast Nacht ist, denn sie ist von allen Seiten von lotrechten, tausend Meter hohen Bergen, die wie riesige Aschenhaufen aussehen, umstellt und eingeschlossen. Die enge Schlucht, durch die wir hierhergelangten und durch die wir morgen weiterziehen, besteht aus zwei tiefen, dunklen Spalten, die düster in Regionen der Finsternis münden. Wir befinden uns am Fuß der höchsten Ausläufer des Dschebel-Tih, den wir durchschreiten, um in eine andere Wüste vorzudringen …

Es gibt ein paar kleine, noch blätterlose Bäume, der selbstvergessene Frühling zögert hier, in den Dämmer dieser Berge hinabzusteigen: dornige, verkrüppelte Mimosen wie jene, die wir schon einmal gesehen hatten. Und kein Wasser.

Es befindet sich jedoch in unserer Nachbarschaft ein Lager von zwei oder drei Beduinenfamilien unter schwarzen

Zelten, die uns fast das Bild eines bewohnten Landstriches vermitteln, da wir bislang immer allein waren. Ziegen mit ihren Zicklein, die irgendwelche kaum sichtbaren Kräuterpflanzen abgeweidet haben, kehren, von kleinen Mädchen geführt, zu ihrem aus Wolle gewebten Stall zurück.

Es ist eigenartig, eine Stunde friedlichen Schäferlebens an so einem Ort – und man erschauert, wie zurückversetzt in älteste ursprüngliche Zeiten, als in der kleinen, eingeschlossenen Ebene der klagende Ton der Sackpfeife eines Hirten erklingt.

Nach einem Austausch von Botschaften hat sich zwischen diesen Nachbarn und uns Vertrauen eingestellt. Ein kleines Mädchen wagt es sogar, in mein Zelt einzutreten und mir Ziegenmilch anzubieten. Es ist sehr hübsch in seiner kindlichen Verwirrung und reißt seine erstaunten Augen weit auf; dieses von Kerzen erleuchtete und von oben bis unten bunt bestickte Zelt übertrifft vielleicht alles, was die Phantasie dieses Naturkindes an irdischer Pracht zu ersinnen vermochte.

Inzwischen herrscht Nacht. Über der hohen, aschgrauen Wand, die die Hälfte des Firmaments verdeckt, erscheint wie der Rand eines Fingernagels eine schmale Mondsichel: der erste Mond des Ramadan, der im Land des Islam als heilig gilt und am heutigen Abend den Beginn der Fasten- und Betzeit verkündet.

21

Samstag, 10. März

Als unser Führer in die Hände klatschend das Lager weckt, scheint es noch nicht Tag zu sein, weil wir im tiefen Schatten des über uns hängenden Berges liegen; die Sonne ist jedoch hinter diesem aschgrauen Vorhang und beleuchtet bereits die schaurigen Gipfel uns gegenüber.

Wir ziehen nun fünf Stunden lang durch die Schluchten des Dschebel-Tih.

Schluß mit der Asche von gestern. Nun gibt es wieder rosa Granit, Welten von rosa Granit, hier und da von riesigen, blauen Granitbändern durchzogen. Wir bewegen uns im Halbdunkel und in der Stille eines Gotteshauses durch die natürlichen Gänge wie durch Kirchenschiffe, die über jedes menschliche Maß hinaus vergrößert sind und Schwindel und Schrecken erregen. In diesen engen Durchlässen, die sich während der ersten Krämpfe der Erde geöffnet haben müssen, haben endlose Jahrhunderte einen raffinierten Boden geschaffen, indem sie Gipfel zerbröckelten, herabgestürzte Felsbrocken einebneten und zu feinem Sand zerrieben, der noch rosiger und leuchtender ist als am Meeresstrand. Man könnte meinen, es seien Sandflüsse, glatt und ruhig, in denen all die Pfeiler, all die Ausläufer, die die gewaltigen Felswände stützen, untertauchen und sterben. Es bedarf solcher Gegenden, die noch nie von Mensch oder Pflanze berührt wurden, um uns kleinen, mit immer kleineren Dingen beschäftigten Wesen eine vage Vorstellung von der Entstehung der Welten, den grandiosen Schrecknissen jener Schöpfung zu geben.

Keine Pflanze weit und breit. Wir sind in einem ganz und gar rosafarbenen, hellblau marmorierten Land, selbst das Halbdunkel, das etwas unterirdische Halbdunkel, in das uns die Granitfelsen versetzen, hat eine vage rosa Färbung.

Es gibt schnurgerade Gänge und dann wieder gewundene mit schroffen Biegungen. Manchmal scheinen wir das Ende des Kirchenschiffs erreicht zu haben; aber es bildet nur eine Krümmung im massiven Berg, und es setzt sich danach in einem weiteren, absolut gleichen Kirchenschiff fort. Natürlich überall Totenstille, aber so widerhallend, daß das Rascheln unserer Burnusse, das leiseste Stimmgemurmel zum lauten Geräusch wird.

An der Biegung eines dieser Felsgänge kreuzen wir einen wandernden Nomadenstamm. In dem dämmrigen Licht sehen wir alles nur gruppenweise auf uns zukommen, als träten sie aus den Bergflanken heraus. Im Vorbeigehen wittern sich unsere Kamele und brummen.

Die Männer, die als erste auftauchen, sind schwerbewaffnet, wild anzusehen, in Lumpen gekleidet, tauschen mit uns den brüderlichen Gruß: man berührt sich selbst dreimal an der Brust, an den Lippen, am Kopf, und danach preßt man gegenseitig die Stirn aneinander, drückt sich die Hand, gibt sich einen Scheinkuß ins Kahle. Nach der Begrüßung zeigen die Neuangekommenen plötzlich ein freundliches, kindliches Lächeln, entblößen ihre weißen Zähne – beruhigt und als Freunde ziehen sie weiter.

Jetzt erscheinen die Kamelstuten, begleitet von ihren Füllen mit einfältigen Schafgesichtern, die Luft- und Seitensprünge machen, als sie uns näher kommen sehen; auf ihrem Rücken tragen sie die Alten, die alle weiße Bärte und weiße Haare haben, die erloschenen Antlitze des Stammes.

Dann tauchen die Frauen auf, die leichtfüßig und lautlos

einherschreiten, geheimnisvoll unter ihren schwarzen Schleiern; im Vorübergehen blicken sie uns mit glänzenden Augen an, werfen uns unter den kaum gelüfteten Falten ihres Schleiers schwarze Blitze zu ... Bei ihnen liegen in Körben auf Eselfüllen die Säuglinge, die noch gestillt werden, einträchtig neben jungen Welpen.

Die älteren Kinder beschließen dann den Zug, Jungen und Mädchen von schlankem Wuchs und mit hübschen Augen, die mit Hilfe von Schäferhunden die meckernde, erschreckte Herde von Ziegen und Zicklein vor sich her treiben.

Schwarz sind die Gewänder der Frauen, schwarz die Burnusse der Männer, schwarz wie poliertes Ebenholz alle Ziegen mit ihren langen Hängeohren. In der Morgenfrische, im Halbdunkel dieser tiefen Schluchten, auf rosa Grund und in rosa Dunst, ist es ein langer Zug schwarzer Gestalten – die großen Tiere mit schlenderndem, die Männer mit majestätischem und federndem Gang, die Herden trödeln dahin, bleiben unvermutet stehen, was alle zu einer einzigen wollenen Masse zusammenschiebt ... Solange dieser Zug anhält, ist die gewohnte Stille vom dumpfen Geräusch der durch den Sand watenden Tritte und der durch die Schleier gedämpften Stimmen ersetzt. Und hin und wieder stoßen die Kamele ein hohles Gebrumm aus den Tiefen ihrer Kehle aus, das zwischen den widerhallenden Bergwänden wie verhaltener Donner grollt.

Als der Stamm hinter uns verschwunden ist, finden wir Wasser, einen richtigen Bach, der auf dem Sand sich hinschlängelt. Leider ist das Wasser mit Naphta vermischt und trägt ölige Flecken auf der Oberfläche, aber es bringt trotzdem Leben hervor, am Rand wachsen Gras, Tamarisken, hohe Palmen, gleich denen des Wadi-el-Aïn, so grün, daß sie blau scheinen, alles tief verborgen in rosa Granitfalten. Eine Szenerie aus dem Garten Eden, die eine halbe Stunde währt, als Musik dazu der Gesang einer Schar kleiner Vögel.

Aber nach einer weiteren Biegung der steinernen Gänge verschwindet der Bach und mit ihm das bezaubernde Grün. Wieder befinden wir uns in ausgedörrter, lautloser, toter Ödnis. Und die inzwischen höher stehende Sonne zeigt sich nun auf dem schmalen Streifen des freien Himmel zwischen den hohen Gipfeln; sie wirft brennende Strahlen auf uns herab. Zweifellos war das vorhin ein Traum, das frische Wasser und die blaugrünen Palmen ...

Endlich gegen ein Uhr sieht man durch einen breiteren Einschnitt, der in eine leere Weite mündet und der der allerletzte, das Ende des Dschebel-Tih sein dürfte, ein waagrechtes, noch weit entferntes Band von besonderer Färbung, einer Färbung, die wir in der Welt aus Rosa fast vergessen hatten, ein Band von herrlichstem Azurblau: der Golf von Akaba, wir sind also auf der anderen Seite der Sinaihalbinsel angekommen!

Der Einschnitt wird immer breiter, die Bergwände trennen sich, treten hinter uns zurück und werden flacher; schließlich gelangen wir bis ans Ufer dieses so blauen Meeres, in die Salzwüste seiner Strände.

Im Gegensatz zum Golf von Suez, der von allen Schiffen der Welt befahren wird, sieht dieser Golf von Akaba niemals Dampf oder Segel. Seit etwa tausend Jahren ein unbenutzter Weg, ist er jetzt ein abgelegenes Meer, das sich vergebens in undurchdringliches Wüstengebiet hineinschiebt. Über seinen Wassern am anderen Ufer erstrahlt etwas Herrliches und Unwahrscheinliches, das ist die Küste Arabiens, die extrem weit ist und doch nah scheint, denn so klar sieht man die Zacken ihrer Gipfel: eine hohe Wand aus rosa Korallen mit zarten blauen Streifen, die im Himmel steht, um den gesamten Orient von der Welt abzuschließen.

Noch eine Stunde ziehen wir über den einsamen, glitzernden Strand, längs des endlosen blauen Bandes, das überragt wird von dem endlosen, rosafarbenen, gezackten Rand, der strahlenden Einöde Arabiens.

Jetzt stehen wir vor einer Oase am Saum des ruhigen Meeres, Palmengruppen und ein leuchtend weißes Gebäude, ein überraschender Anblick für uns.

Es ist der kleine, vorgerückte Posten N'Nuebia, eine Zitadelle mit einem kleinen Dorf aus Lehmhütten, die mitten in dieser Einsamkeit von einem ägyptischen Gouverneur und einem Dutzend Soldaten bewacht wird.

Als wir uns der Oase nähern, sind wir nicht wenig überrascht, unsere Zelte schon unter den Palmen aufgeschlagen zu sehen. Wir hatten doch unseren Beduinen aufgetragen, die heutige Etappe so lange wie möglich auszudehnen, und es ist erst drei Uhr nachmittags, viel zu früh, um zu lagern ... Da eilt der Scheich unserer Karawane mit enttäuschter Miene uns entgegen: der Kaimakam (Gouverneur) hat ihn zurückgehalten und ihm befohlen, hier das Lager aufzuschlagen, um uns bis morgen bei sich zu haben.

– Wo ist dieser Kaimakam?

– Dort in der Zitadelle!

Die Wachsoldaten, in ihren langen Kopftüchern wunderschön anzusehen, geben mir zur Antwort, daß er ruhe;

er schlafe, weil seit gestern Ramadan ist und die ersten Fastentage ihn sehr ermüdet haben …

Sie wecken ihn trotzdem, so wenig kann ich meine Entrüstung verbergen. Und er erscheint. Ein kleines groteskes, häßliches Wesen in einer Art europäischer Kleidung; neben seinen schönen Soldaten in orientalischer Tracht sieht er wie ein verkleideter Affe aus. Er ist einer der Beamten, schlecht verpackt in moderner Schale, wie man sie leider in der Levante so häufig antrifft und die wohl schuld daran sind, wenn die edlen, orientalischen Rassen oft verkannt und mit Vorurteilen angesehen werden. Schon in bewohnten Gegenden höchst unangenehm, gebärden sich diese kleinen Wichtigtuer in der Wüste wie Duodezfürsten, und statt die Karawanen zu beschützen, halten sie sie fest und fordern Lösegeld, schaden ihnen mehr als Räuber oder wilde Tiere.

Draußen, auf dem heißen Sand in dem grellweißen Vorhof haben wir beide, von den burnusgekleideten Soldaten umringt, eine heftige Auseinandersetzung. Er hat es ganz einfach auf unseren Geldbeutel abgesehen und hält uns nur auf, um uns Wachen für die Nacht aufzudrängen, die er sich teuer bezahlen läßt … Allerdings vertritt er hier ein großes Land; er könnte uns verfolgen lassen, uns zur Ungewißhheit der kommenden Tage neue Schwierigkeiten bereiten; also darf man es nicht mit ihm verderben. Schließlich schlage ich ihm vor, die Nachtwachen zu bezahlen, sogar noch ein Trinkgeld draufzulegen, wenn er uns auf der Stelle wieder abreisen läßt, und er willigt in den Handel ein.

Doch mit diesem Wortwechsel haben wir eine ganze Stunde verloren, und es ist inzwischen viel zu spät, um unsere Zelte abzubrechen und weiterzuziehen …

Wir werden also nunmehr freiwillig bis morgen früh Gefangene dieses Schwachkopfs bleiben und die überflüssigen Wachposten annehmen.

Ehrlich gesagt, ist N'Nuebia, die herrlich stille Oase, ein sehr angenehmes Gefängnis.

Das arabische Dorf mit den kleinen Lehmhäusern liegt für uns ein wenig zu weit jenseits der Zitadelle, und unsere kleine Zeltstadt steht auf sehr feinem Sand dicht am Meer. Der Strand ist übersät mit roten Korallen, großen Molluskenschalen, großen fleisch- oder pfirsichfarbenen Muscheln.

Der Abend kommt. Das unbewegte Wasser des Golfs ist wie grünes Perlmutt mit metallischem Glanz und dem Widerschein seltenen Gefieders; und darüber ragen die Granitfelsen Arabiens – von einem Rosa zu dessen Beschreibung einem die Worte fehlen – in den zartgrünen Himmel, über den kleine, orangegelbe Wolkenfelder ziehen.

Keiner der Lichteffekte, die meine Augen bislang gesehen, läßt sich mit diesem annähernd vergleichen ...

Jetzt ist die Sonne für uns hinter den Bergen unseres Strandes versteckt; allein Arabien dort gegenüber sieht sie noch immer, denn es flammt wie bengalisches Feuer; ein Chaos lodernder Glut, rosafarbener Kohlen, wie eine Wand in den bereits dunklen Himmel aufgetürmt, während das verlassene Meer zu ihren Füßen zu einem aus sich selbst leuchtenden Ereignis wird, vielleicht eine von unten beschienene Smaragdfläche.

Und im Vordergrund dieses ungeheuren Trugbildes, das wie ein endloser Streifen bis in größte Ferne reicht, heben sich die schlanken Schattenrisse der Palmenwedel ab.

Unsere Nachtwachen nahen, ernst und anmutig, mit fast göttergleichen Gesichtern unter weißen Schleiern und schwarzem Kopftuch; schweigend, da die Stunde des Moghreb naht, setzen sie sich gruppenweise in den Sand vor einen Reisighaufen, den sie in der Nacht entzünden werden – und warten ab …

Dann erhebt sich plötzlich vom Turm der kleinen einsamen Zitadelle die Stimme des Muezzin, eine helle, klare Stimme mit dem traurigsanften, durchdringenden Ton der Oboe, der erschaudern läßt und zum Gebet ruft und der gleichsam mit zitternden Flügeln in den Lüften schwebt … Vor diesen Herrlichkeiten des Himmels und der Erde, die den Menschen ergreifen, singt die Stimme, singt und lobpreist den Gott des Islam, der auch der Gott der großen Wüsten ist …

Dann sinkt die Nacht herein in durchsichtiger Bläue, während die Glut der fernen Granitberge Arabiens nur zögernd erlischt. Und die kleinen Reisigfeuer flammen ringsum auf, beleuchten hier und da die Unterseite der Dattelpalmen und die unter dem großen nächtlichen Himmelsdom mit seinen funkelnden Goldpunkten im Kreis sitzenden arabischen Wächter …

Endlich erhebt sich die Stimme des Muezzin ein zweites Mal noch schöner und noch schwebender dahinfliegend in dem Augenblick, als wir draußen unter dem glitzernden Sternenhimmel, auf dem einschläfernden Sand ausgestreckt liegend, das Bewußtsein über das Leben verlieren …

22

Sonntag, 11. März

Früh am Morgen erheben wir uns zu einer langen Etappe, um die gestern verlorene Zeit wieder einzuholen. Schon bei Tagesanbruch rühren sich unsere Beduinen unter den hohen Palmen. Vor den Feuern, die die ganze Nacht gebrannt haben, stehen unsere Wächter, prachtvoll anzusehen mit ihren weißen Kopftüchern und schwarzen Mänteln. Auch die Dorfkinder sind mit einigen verschleierten Frauen da und bestaunen uns; das Ereignis unserer Durchreise wird sicher in aller Gedächtnis bleiben.

Als unsere Dromedare vor uns niederkien, kommen unsere Wachsoldaten herbei, um uns die Hand zu reichen und um uns wie Kinder eine übertrieben hohe Entlohnung abzuschwatzen. Aber sie lächeln selbst über ihre unannehmbaren Forderungen, die sie unter ihre Wünsche für eine gute Reise mischen, während unsere großen Tiere aufstehen und uns davontragen.

Unterwegs am Meer entlang, sobald die kleine hübsche Oase verschwunden ist, nimmt uns wieder die große Wüste auf.

Alles, was gestern abend rot leuchtete, ist erloschen und hat sich verändert. Die Küste Arabiens ist in den Hintergrund unabsehbarer Fernen entrückt; nachdem sie gestern abend so entflammt war, ruht sie sich nun aus in der herrlichen Frische des Morgens, halb verborgen unter feuchtem Dunst. Sie ist nur noch perlgrau oder leinengrau getönt, alles ist nur noch zart, unbestimmt und durchscheinend; allein die gezackte Linie der Bergkämme zeichnet sich ein wenig deutlicher ab, und leichte Wolken bleiben wie Watte daran hängen, ganz kleine, weißgolden glänzende Flocken, die alles Licht dieses gedämpften Morgens mit seinen verschleierten Farbnuancen in sich zu konzentrieren scheinen.

Im Gegensatz zu diesem Nebelgrau beginnt der Küstenstreifen zwischen der matten Eintönigkeit und dem Meer, wo wir entlangziehen, unsere Augen zu blenden und der Strand zu funkeln.

Die Luft ist berauschend einzuatmen, als dehne sich die Brust aus, um sich besser füllen zu können. Es ist, als tauche man ein in ein jüngeres Leben, in eine physische Freude zu existieren ...

Dieses so ruhige und so sanft spiegelnde Meer, auf dessen feinem, mit roten Korallen vermischtem Sandstrand wir uns fortbewegen, hat keinen Hafen, trägt kein Segelschiff; in seiner ganzen Ausdehnung ist es ein verlassenes, von Wüsten umgebenes Meer. Gleichwohl ist es ein Meer; auch wenn man weiß, daß es bis ins Unendliche öde ist, nähern wir uns ihm unwillkürlich wie einer Quelle des Lebens; in seiner Nähe herrscht nicht mehr die düstere und lebensferne Trostlosigkeit der Landwüste ...

Je höher die Sonne steigt, um so klarer zeichnet sich das gegenüberliegende Arabien ab, um so deutlicher tritt es aus dem morgendlichen Dunst hervor; seine Farben beleben sich, werden wärmer, bis sie schließlich zur herrlichen Feuersbrunst, zum zauberhaften Trugbild des Abends werden.

Jetzt ziehen wir über Muscheln hinweg, über Muscheln, wie wir sie noch nie gesehen haben. Kilometerlang sind es große Weihwasserkessel, streifenweise geordnet oder je nach Laune der Dünung angehäuft; dann folgen gewaltige Flügelschnecken, die wie große offene Hände aus rosafarbenem Porzellan aussehen; dann kommen ganze Berge riesiger Turmschnecken, und der ganz mit weißem Perlmutt bedeckte Strand schillert prächtig im Sonnenschein. Wundersame Anhäufungen lautlosen und langsamen Lebens, von den Wellen angespült, nachdem Jahrhunderte daran gearbeitet haben, diese nutzlosen Formen und Farben abzusondern …

Ich erinnere mich, daß ich in meinen Kinderträumen, in einer Übergangszeit, in der ich mich für Naturgeschichte begeisterte, manchmal exotische, mit seltsamen Muscheln bedeckte Küsten sah; man brauchte sich nur zu bücken, um die schönsten, seltensten Arten aufzulesen … Dies Übermaß jedoch übertrifft alles, was meine Phantasie sich damals vorstellen konnte.

Wohl in Erinnerung an diese früheren Träume oder auch nur aus Kinderei lasse ich mein Dromedar niederknien und steige ab, um diese Muscheln zu betrachten. Außer den drei genannten Arten, deren Überreste den Strand bedecken, findet man hier noch die Kegelschnecke, die Porzellanschnecke, die Felsschnecke, die Harfe, allesamt Spielarten mit feinsten Färbungen und den eigentümlichsten Formen; die meisten dienen Einsiedlerkrebsen als Behausung, die sofort auf kleinen Beinen davonrennen, wenn man sie berühren will. Und hier und da bilden große Haufen Korallen rote Flecken unter dieser bunten oder permuttfarbenen Pracht.

Gegen Mittag hat der Glanz seinen Höhepunkt erreicht. Der Anblick aller sichtbaren Dinge ist mit nichts zu vergleichen. Man könnte meinen, einem großartigen, stillen Schauspiel aus geologischer Frühzeit beizuwohnen, vielleicht auf Erden oder auch anderswo … Die Gesamtfarbe ist rosa, aber in der Mitte von einem endlosen Streifen durchschnitten, der fast schwarz wirkt, so tiefblau ist er, und man müßte ihn mit reinem Preußischblau, leicht gestreift mit Smaragdgrün, malen. Dieser breite Strich ist das Meer, das unnatürliche Meer von Akaba; scharf und glatt zerschneidet es die Wüste; es macht zwei Teile daraus, zwei hortensienfarbene Flächen, zwei Flächen vom bezaubernden Rosa der Abendwolken, wo, im Gegensatz zu den Wassern mit ihren zu grellen Farben und zu scharfen Umrissen, alles gedämpft, unbestimmt erscheint, imstande, zu spiegeln und zu blenden, wo alles vor Perlmutt, Granit und Glimmer glitzert, wo alles zittert vor Hitze und Luftspiegelung ...

Die eine dieser Flächen ist die gegenüberliegende Küste, die Wüste Arabiens, alles da drüben ist aus karminrotem Granit, eine überwältigende Wand von tausend Meter Höhe, die senkrecht in den Himmel ragt und die bis in die Tiefe duftiger Fernen entflieht.

Die andere Fläche ist der Strand, über den unsere Dromedare dahinziehen, ganz aus rosa Sand, Korallen, perlmuttfarbenen Muscheln; und die Berge sind von demselben Granit wie gegenüber und von derselben Blumen- oder Wolkenfarbe.

Oh, fremdes und einzigartiges Meer, dieses Meer von Akaba, nie von Segelschiffen durchkreuzt, das auf immer lautlos und heiß eine Welt von Korallen und Muscheln in seinem tiefblauen Wasser zwischen unveränderlich rosafarbenen, verlassenen, schreckenerregenden Küsten ausbrütet! Der Mensch erscheint hier nur flüchtig, unruhig, selten und in steter Sorge um sein Leben ...

Zur mittäglichen Rast breiten wir unsere Teppiche auf unzähligen angehäuften Muscheln aus, die die Vitrinen von Sammlern füllen könnten.

Dann, nach tiefem Schlaf, setzen wir unsere Reise fort in zunehmend goldfarbenem, rosigem Licht. Am Morgen sind wir fünf Stunden lang unterwegs gewesen und ziehen noch vier Stunden weiter bis zum Abend, immer durch dieselbe Farbenpracht. Je mehr wir vorwärts dringen, um so enger wird das Meer von Akaba, um so näher rückt das gegenüberliegende Arabien heran.

Den ganzen Nachmittag verfolgt mich beharrlich eine kleine verirrte Bachstelze, sogar im Schatten meines Kamels, piepst und flattert zwischen den großen rostbraunen Hufen; ihr Zwitschern und das Stampfen der Karawane über das Muschelwerk klingt wie gewaltiger Lärm in dieser Welt des Glanzes und der Stille.

In der Dämmerung lagern wir am Strand, wo unsere Kamele kümmerliche Pflanzen finden.

Kaum ist mein Zelt aufgeschlagen, da erscheint schon wieder die Bachstelze an der Öffnung, als bäte sie um Einlaß und Futter, zutraulich und keck auf Schutz gegen die Wüste hoffend …

Wir sind ganz nahe am Meer, an einer eingeengten Stelle, die die hohen Felsen erdrücken und die schon in den Schatten gerückt ist, während gegenüber, jenseits des nunmehr pfauenblau gefärbten Wassers, die gestaltlose Granitmasse Arabiens noch nicht ihre abendliche magische Beleuchtung erreicht hat: zwischen einem grünen Meer und einem grünen Himmel erstrecken sich Berge, deren Fuß violett gefärbt ist, während die Gipfel gelblich rosa sind, von einem unbeschreibbaren, unerklärbaren Rosa, das auch nach Sonnenuntergang andauert, als schwele im Inneren ein Feuer, als würde alles bald schmelzen, als sei der große Glutofen des Weltenanfangs wieder zu neuen Umwälzungen und Weltenenden entflammt …

Dabei überall eine Ruhe, eine Stille, ein friedliches Zutrauen der Menschen und der Dinge, denn diese herrlichen Schrecknisse sind nur Lichtspiel und Luftspiegelung, sind nur Schein, sind nichts …

Wie wild wirkt dieser Ort, sobald die geheimnisvolle Nacht anbricht! Wie abgesondert von der Welt unserer Zeitgenossen steht hier unser kleines Nomadenlager!

Hinter uns sind die Granitfelsen zu einem schwarzen Schirm geworden, der bizarr und grob geschnitzt gegen den Sternenhimmel ragt, und eine schmale orientalische Mondsichel mit beiden Spitzen nach oben steht darüber wie das strenge Siegel des Islam …

Arabien jedoch ist erloschen; jenseits der Wasser, die im Nachtwind zu rauschen anfangen, zieht sich nur noch ein schwarzgrauer, auf einmal weit entfernter Streifen. Unsere Kamele, die sich vor der Dunkelheit und umherstreifenden Tieren fürchten, haben sich um unsere Feuer niedergekniet, und unsere Beduinen – schwarze oder weiße Phantome, die man in der nächtlichen Durchsichtigkeit noch unterscheidet – verrichten, auf dem Sand dieses verlorenen Strandes sich niederwerfend, andächtig ihr letztes Gebet vorm Schlafengehen. Und der schlagartig stärkere, kühlere und rauhere Wind beginnt an unseren Zelten zu rütteln …

23

Montag, 12. März

Unsere Kamele werfen noch sehr lange Schatten auf den Sand und das Perlmutt; das gegenüberliegende Arabien ist noch diskret verhüllt, als wir zu herrlich frischer Morgenstunde aufbrechen.

Wir haben gestern fünfzig oder sechzig Kilometer zurückgelegt. Bis nach Akaba, der einzigen Stadt, die die Gegend beherrscht und wo die Pilgerkarawanen rasten, bleiben uns noch etwa sechzig Kilometer, stets in demselben Glanz, auf denselben stillen Wüstenstränden mit den immer gleichen Muscheln, entlang einem Meer ohne Schiffe, an dessen Ufern wir die einzigen Lebewesen sind.

Heute ist alles wie gestern; wir atmen die gleiche belebende, milde Luft; die Farbe des Wassers ist von demselben tiefen Blau, der Sand von den gleichen Korallen gerötet, mit dem gleichen glitzernden Perlmutt übersät; und Arabien durchläuft dieselben Farbschattierungen, Stunde um Stunde schöner und kräftiger, bis zu dem Augenblick, wo die Wunder des Abends sich entfalten, wie gestern, wie vorgestern, wie seit dem Anfang der Zeiten ... Hier ist die Region verschwenderischer Feuer, wo sich jeden Abend Lichtwunder abspielen, die niemand anschaut.

Als sei die Luft außerordentlich dünn, als fehle sie ganz, so klar und weit kann man sehen; man täuscht sich über die Entfernungen und vermag nichts mehr einzuschätzen. Zu beiden Seiten des Meers entfalten sich die symmetrischen Granitwände; langsam und in dem Maß, wie die Karawane vorwärts kommt, folgen die Gipfel, die Vorgebirge der beiden Ufer aufeinander, ebenso deutlich in der Ferne wie in der Nähe, und trotzdem scheinen sie fast unwirklich, so blendend sind sie in dem Lichtdunst, der fortwährend durch die Wärme leicht erzittert. Das Meer allein, das blaue, allzu blaue Meer mit den scharfen Umrissen scheint etwas Wirkliches, Greifbares zu sein; aber es scheint im Leeren zu hängen, mitten in dieser großen Wolke, dieser rosafarbenen Vision – die die schreckliche und starre granitene Gestaltlosigkeit der Wüste ist ...

Gegen drei Uhr erblicken wir, die wir schon so lange vom Anblick menschlicher Bauten entwöhnt sind, auf einer kleinen Insel nah der Küste die Ruinen einer Zitadelle im sarazenischen Stil mit schwarzen Zinnen. Es war wohl einst ein Kloster von Einsiedler-Mönchen in der Art des Sinaiklosters; aber seit einem Jahrhundert ist es verlassen.

Das Meer wird immer schmaler, je näher wir an sein Ende kommen; und die arabische Küste rückt ständig näher, ihre Granitwand ragt ebenso hoch in die Luft wie die auf unserer Uferseite.

Wir sehnen uns danach, endlich die Stadt Akaba zu sehen, auf die wir uns nun schon sechs Tage lang zubewegen. Es ist das frühere Ezjon-Geber, wo die Königin von Saba sich ausschiffte und wo die Flotten des Königs Salomon zum fernen Ophir die Segel setzten. Später war es das vor knapp zweitausend Jahren blühende Aelana der Römer. Heute ist es nicht einmal mehr ein Hafen, die Schiffe haben seit Jahrhunderten den Weg dorthin vergessen, und der Islam hat seinen großen Schlummer darüber ausgebreitet. Heute befindet sich hier, wie man sagt, nur noch eine große Karawanserei, in der die Pilger von Mekka rasten und sich mit Proviant versehen. Aber nach den Erzählungen einiger zeitgenössischer Reisender ist es noch immer eine Stadt arabeskengeschmückter Tore, eine Stadt der schönen Gewänder, der roten Burnusse und prunkvoller Reiterturniere.

Dann tritt am jenseitigen Ufer eine Baumreihe in Erscheinung, wahrscheinlich Palmen – eine lange, in der rosafarbenen Monotonie überraschend grüne Linie, es ist wohl die einsame Oase, in der diese Stadt erbaut worden ist; in zwei oder drei Stunden schlagen wir dort unsere Zelte auf.

An der Kreuzung zweier kleiner stiller und menschenkahler Täler zieht unsere Karawane an einem Ort vollendeter Schwermut vorbei, und ich will versuchen, diesen namenlosen Kreuzweg in der Wüste kurz zu beschreiben. Beide Täler des Todes münden gemeinsam am Meeresstrand. Das noch immer preußischblaue Meer scheint weiterhin die einzige Wirklichkeit in diesem rötlichen und rosafarbenen, wie mit Asche überstäubten Land zu sein, das durch Spiegelungen und Lichtfülle verschwommen wirkt. Aber ausnahmsweise stehen dort Bäume, die eine unsagbare Tristesse dem düsteren Ganzen hinzufügen; zwei oder drei schlanke Dattelpalmen und seltsame vielstämmige Doum-Palmen mit langen, ganz eigenartigen Zweigen, von denen jeder einen Büschel fahlgelber Wedel trägt, Pflanzen von vorsintflutlichem Aussehen, die unbewegt vor dem Hintergrund des grauen, scheinbar luftigen Sandes, des rosa Granits in der Sonne stehen ... Ein einsamer Storch, der auf einem Bein dort schlummerte, breitet seine Flügel aus, um uns zu folgen, und noch immer flattert die Bachstelze von gestern in meinem Schatten und begleitet mich ...

Noch eine Stunde Weg am Strand, und wir sind endlich am obersten Ende des endlosen Golfs, an dem wir seit drei Tagen entlangziehen. Das tiefblaue Wasser beschreibt hier eine Kurve, schließt dann mit einem großen Halbbogen ab, um den wir herumgehen, um endlich auf die andere Uferseite zu gelangen, wo uns die Oase von Akaba erwartet.

Aber da, wo Meer endet, hören die beiden, die Ufer begrenzenden Bergwände nicht auf; gleichlaufend setzen sie sich gen Norden fort, so weit das Auge reicht; aber statt Wasser umschließen sie nunmehr Sand, und der Golf von Akaba setzt sich in einem breiten, endlos langen Tal von majestätischer Ödnis fort, wo nur etwas Ginster, einige Doum-Palmen und ein paar vereinzelte Dattelpalmen wachsen.

Dieses Tal ist der Beginn der Wüste Petra. Unsere Kameltreiber werden unruhig, als wir den Herrschaftsbereich des großen Scheichs betreten.

Endlich nähern wir uns Akaba, das nur ein Palmenhain zu sein scheint und still wie die Wüste ringsum vor uns liegt. Kein Haus unter den Bäumen, kein Mensch zur Begrüßung, kein Mensch am Strand und kein Boot auf dem Meer; aber überall Tierschädel und Wirbelknochen verstreut auf dem Sand.

Es ist die Stunde der Abenddämmerung, die Stunde des Goldes. Auf den Stämmen der in Garben wachsenden oder auf den langen schwankenden Stämmen der einzeln stehenden Palmen verschwendet sich das Gold im Übermaß, während schon Dämmerlicht in der Ferne und auf die tieferen Teile dieses düsteren, schönen Hains niedersinkt.

Wir betreten ihn, und das herrlich gewölbte Dach der Palmen überschattet uns. Nach wie vor kein Mensch, nichts rührt sich, nicht ein Laut; niedrige, alte und baufällige Mauern aus gestampfter, mit Kieselsteinen, Schädel- und

Wirbelknochen vermischter Erde bilden Garten- und Straßeneinfassungen, denen wir aufs Geratewohl folgen. Das also ist Akaba, die große Stadt in dieser Region! … Endlich tauchen ein paar lebende Wesen auf, Beduinen, die in einem Hof unter grauen Zelten lagern und uns mit gelassener Neugier vorüberziehen sehen. Lücken in dem schwarzen Palmenwirrwarr lassen Blicke in den herrlichen Himmel zu, und wie im Licht eines fernen Weltenuntergangs flammen die rosa Granitfelsen auf …

Schließlich gelangen wir auf einen zentralen Platz, wo es tatsächlich eine Zitadelle, Häuser und Menschen gibt. Und unsere Zelte, die schon vorher angekommen sind, werden unter neugierigen oder mißtrauischen Blicken aufgeschlagen. Auf der Zitadelle weht, wohl uns zu Ehren, die rote Flagge mit dem Halbmond. Die sehr kleinen Häuser aus getrocknetem Schlamm erinnern an Höhlen wilder Tiere. Die kleine Menge Neugieriger besteht aus ein paar regulären türkischen Soldaten und prächtigen Arabern, den schwarzen Mantel über dem weißen Gewand, das Kopftuch mit schwarzen oder goldenen Schnüren um die Stirn geschlungen. Als wir abgestiegen sind, kommen die türkischen Soldaten mit freundlicher Willkommensmiene auf uns zu; ich rede in der Sprache Stambuls mit ihnen, reiche ihnen die Hand, bin glücklich, sie hier anzutreffen und Freundesland zu betreten.

Dann führt man uns einen Mann des Scheichs von Petra vor, der uns schon seit gestern erwartete und der noch in dieser Nacht aufbrechen muß, um den großen Wegelagerer von unserer Ankunft zu benachrichtigen:

– Bitte den Scheich Mohammed-Jahl, sage ich zu ihm, daß er sich morgen mit zwanzig Kamelen und zwanzig

Leuten hier einfindet. Ich werde sie mieten, um durch sein Land zu ziehen.

– Kamele, Kamele! wiederholt in seinem drolligen Französisch der noch immer mißtrauische Dolmetscher, *ich weiß nicht, was für Kamele er bringen wird … Vielleicht hat er nicht einmal Kleider für seinen Kopf! …* Soll heißen: »Vielleicht hat er kaum das nötige Kopfgeschirr für sie, kaum Halfter, womit man sie führt …«

Und der skeptische, nur Schlimmes voraussagende Mensch fügt hinzu, daß der Kaimakam, also der türkische Statthalter von Akaba, auf meinen Besuch morgen früh rechnet, um mit mir über ernste Dinge zu verhandeln, wahrscheinlich um uns die Reise nach Petra zu untersagen.

Nachdem unser Lager aufgeschlagen, die Neugier befriedigt ist und die Gruppen sich zerstreut haben, sind wir in der späten Dämmerung wieder allein in absoluter Stille.

Ein wenig besorgt wegen der auf morgen früh angesetzten Unterredung, betrachte ich vor meinem Zelt sitzend den zu Ende gehenden wunderschönen Abend und die hereinbrechende Nacht …

Fast urplötzlich blinken die Sterne überall am Himmel auf, und die Mondsichel, obgleich noch sehr schmal, leuchtet schon hell. Jenseits der traurigen, ärmlichen kleinen Häuser aus Lehm und Schlamm steigt die grau-rosafarbene Wüste, die ganze Aufschichtung von Sanddünen und Granitbergen, unglaublich hoch auf gegen diesen klaren und funkelnden Himmel, der wie durchsichtig, wie eine große Vision des Nichts erscheint, sehr zart, fast unbegreiflich und ohne jede Perspektive. Auf diesem endlosen Nichts von wolkenhafter Körperlosigkeit wandeln langsam und lautlos einige Gestalten in noch leuchtendes Weiß oder noch kräftiges Schwarz gekleidet dahin, intensive Flecken auf diesem zarten, verschwommenen Ganzen: verspätete Kamelhirten, die ihre großen, vom Mondlicht noch vergrößerten Tiere ins Gehege zurücktreiben, und auch sie erscheinen körperlos wie die gesamte Umgebung, deren unbestimmte Farbe sie teilen …

Im Vordergrund des kleinen Platzes von Akaba, wo unsere Zelte stehen, liegen ganze Haufen schwärzlicher und trotz der Nacht sichtbarer Formen, alles, was wir an Mensch, Tier und Gepäck in diese ferne Oase mitgeführt haben: schlafende Kamele, jedes mit dem Kopf bis an die Augen in einem langen Maulkorb steckend, so daß sie lange Tapirnasen zu haben scheinen; zusammengekauerte Beduinen oder ausgestreckte, die stumm rauchen oder träumen; Sattelzeug, Decken, Ballen und Karawanensäcke …

Hinter mir verdeckt der schwarze Vorhang aus Palmen mit ihren großen Federbüscheln, der leere Strand, wo das Meer leise in der unendlichen Stille singt …

Er zieht mich an, dieser Strand, und ich suche Leo in seinem Zelt auf, damit er mit mir dort spazierengeht.

Zunächst müssen wir den dunklen Palmenwald durchqueren, über sandige Pfade zwischen niedrigen Mauern. Wie über die Schwelle eines Tempels treten wir in den düsteren Palmenhain ein, beide sehr arabisch und sehr weiß in der luftigen Weite der Wolltücher, die durch Schnüre um die Stirn festgehalten werden, sind beinahe selbst Gespenstergestalten mit unserem geräuschlosen Gang in den Babuschen auf dichtem Sand. Ein ganz besonderer Duft erfüllt diesen Hain, die laue Luft schmeckt nach Meer, Wüste und Wildnis. Über unseren Köpfen strecken sich steife schwarze Federbüschel aus, die kein Luftzug bewegt, die sich im Weitergehen einer nach dem anderen, vom funkelnden Sternenhimmel, von der goldenen Mondsichel abheben.

Jetzt sind wir auf dem Strand, der noch immer rosa gefärbt scheint, als wäre es Tag; und diese Leere und Verlassenheit! Entlang seinem Saum dehnt sich das herrliche und geheimnisvolle Gehölz aus, das noch dunklere Nacht verbreitet; die niedrigen Mauern aus mit Knochen vermischter Erde folgen den Biegungen des Ufers und schließen die Bäume wie ein Heiligtum ein: aber hier und da neigt ein von dem hoch aufgerichteten Hain getrennter Stamm seine Federgarben nach außen, und sein verzerrtes Bild spiegelt sich im Wasser wider. Das Meer scheint überall von bläulichen Bergen umgeben, wie ein See ringsum eingeschlossen; zu dieser nächtlichen Stunde ist es sehr durchscheinend, dieses Meer ohne Schiffe, sehr dunstig und in unbestimmten Grautönen schillernd; jedoch unter dem Mond glänzt es wie fahler Streifen Flitter. Von der Gesamtheit und der Stille der Dinge geht ein düsterer Zauber aus. Nicht der ermattende Rausch der Tropennächte, sondern etwas ganz anderes, viel geheimnisvoller und beklemmender: es ist die namenlose Traurigkeit der mohammedanischen Länder und der Wüste. Die Erstarrung des Islam und der Friede des Todes hat sich über alles ausgebreitet ... Und hier zu stehen, stumm und weiß wie Gespenster, im schönen Mondlicht Arabiens, unter schwarzen Palmen, vor dem trostlosen Meer, das weder Häfen, Fischer oder Schiffe kennt, hat einen unsagbaren Reiz ...

24

Dienstag, 13. März

Der schlimme Tag. Am Morgen begebe ich mich zum Kaimakam, besorgt wegen der Gerüchte über seine Absichten uns gegenüber, die zu mir gedrungen sind.

Der heiße Kamsin weht, treibt Sand und Heuschrecken vor sich her.

Etwas wie eine schmale Straße führt mich zwischen den Maulwurfshöhlen aus gestampfter Erde bis zum Kaimakam. Sein Haus ist aus Erde wie die anderen. Man führt mich in einen niedrigen Saal, dem man die Wüste anmerkt: unregelmäßige Wände mit grobem Kalkbewurf, Palmenstämme als Deckenbalken, getrocknete Palmenblätter als Dachstuhl.

Der Kaimakam erscheint, ein graubärtiger Türke, lächelnd, höflich, vornehm, aber mit einem eigensinnigen Gesichtsausdruck, der mit uns, die wir ohne jede Verbindung zur übrigen Welt sind, Katz und Maus spielen kann. Dreihundert türkische Soldaten stehen unter seinem Befehl, um ihm Gehorsam zu verschaffen, außerdem können wir uns nicht gegen eine ottomanische Autorität offen auflehnen.

»Sie wollen nach Petra?« fragt er. »Nein, dorthin geht niemand mehr.« Seit einem Jahr hat Ägypten dieses Land an die Türkei abgetreten, und zum Betreten bedarf es der Genehmigung des Paschas von Mekka, in dessen Machtbereich diese Wüste gegenwärtig liegt. Wir aber besitzen keine solche Genehmigung. Es wäre auch zu gefährlich für uns, denn die Stämme des Nordens sind in Aufruhr. In der Nähe von Kerak wird gekämpft, und die Regierung hat soeben dreitausend Mann regulärer Truppen von Damaskus dorthin geschickt.

Ich schlage ihm vor, auf einem Kamel einen Eilboten nach Kairo zu senden, um Seine Exzellenz Muktar-Pascha um die Vergünstigung einer besonderen Erlaubnis für uns zu bitten und die Antwort zehn oder zwölf Tage lang hier abzuwarten.

Auch diesen äußersten Ausweg lehnt er ab: Fremde, sagt er, dürfen auf keinen Fall länger als vierundzwanzig Stunden in Akaba bleiben.

Wir sollen also morgen nach Suez zurückkehren, von wo wir gekommen sind, und zwar auf demselben Weg; so lautet sein hartnäckiger Beschluß ...

Offenbar fürchtet er um unser Leben und will die Verantwortung nicht auf sich nehmen. Vielleicht hat er auch neue geheime Befehle, diesen Weg bestimmten, verdächtigen Fremden zu verschließen, und er wendet die Anweisung auch auf uns an, da er nicht weiß, bis zu welchem Grad wir türkenfreundlich sind.

Jedes Ärgernis hatten wir vorausgesehen, jede Schwierigkeit dieser Reise nach Petra in einem Moment der Besorgnis, alles, nur nicht ein offizielles Verbot der Regierung des Sultans; zumal niemand in Kairo uns gesagt hatte (nicht einmal die liebenswürdigen Paschas, die sich wegen unserer Reise sorgten), daß Petra sich inzwischen in Abhängigkeit von der Türkei befindet.

Tief traurig kehre ich in mein Zelt zurück. Und Mohammed-Jahl, der heute nacht ankommen soll, den wir vergebens bemüht haben und der uns sicherlich deshalb ein Lösegeld auferlegen wird! ...

Der Kamsin weht immer heißer; unsere Zelte sind voller Sand und Fliegen. Und die Leute von Akaba, die schon um unseren Streit mit dem Kaimakam wissen, sehen uns bereits wie verdächtige Subjekte an.

Wir haben tatsächlich nur noch eine einzige Hoffnung, Mohammed-Jahl selbst. Uns kommt der Gedanke, uns vollständig in seine Fänge zu begeben: scheinbar nach Suez zurückzukehren und ihm zu sagen, daß er uns mit seinen Beduinen zwei oder drei Tagesmärsche von hier wieder abholt, um uns in seine Wüste zu führen. Aber wird er einwilligen und zu welchem Preis? Und wenn wir trotz der Untersagung türkischen Boden betreten, haben wir von niemandem mehr Schutz zu erwarten: was sollen wir zum Beispiel tun, wenn wir in die Hände der dreitausend Mann starken Truppen in Kerak fallen, die uns wahrscheinlich als Gefangene an eben diesen Kaimakam von Akaba zurückschicken? …

Doch alles andere lieber, als jämmerlich nach Suez zurückkehren! Diesen Scheich von Petra, dem wir anfangs so mißtrauten, erwarten wir nun wie einen Erlöser …

Zur Stunde des Moghreb, so versichert man uns, werde er seinen Einzug hier halten …

Am Nachmittag erwidert der Kaimakam meinen Besuch unter meinem Zelt. Trotz der Hitze trägt er einen langen, mit Marderpelz gefütterten Kaftan aus grünem Tuch. Nach wie vor sehr höflich, entschuldigt er sich abermals, das neue Verbot durchsetzen zu müssen, doch er bleibt unerbittlich und bewilligt lediglich einen Aufschub unserer Abreise um einen Tag.

Als die Hitze und die Sonnen nachlassen, gehe ich melancholisch wieder zum Strand.

Er ist, wie gestern abend, verzaubernd und verlassen, dieser Strand der Wüste.

Ein paradiesisches Licht, ein Feenzauber erstrahlt über dem gigantischen Amphitheater aus rosa Granit, in dem das lapisblaue Meer, das auf ewig verlassene Meer endet. Der dichte Vorhang der herrlich grünen Palmen bewegt sich im heißen Wüstenwind, dem Kamsin; die niedrigen Mauern aus gestampftem Lehm, mit ausgebleichten Knochen, Schienbeinen oder Kieferteilen bespickt, bröckelt ab vor Hitze und Dürre. Der Sand ist übersät mit Korallenzweigen und seltenen Muscheln. Natürlich ist weder ein Boot noch ein Mensch zu sehen. In der Mitte dieser erhabenen Kulisse eines Weltuntergangs nur das faulende Gerippe eines Kamels, das mit ausgeweideter offener Flanke, die seine Wirbelknochen sehen läßt, wie verrenkt daliegt und starr seine Beine in die Luft streckt ... Noch immer die Stille, noch immer der Frieden des Todes und noch immer die Beklemmung der unendlichen Wüste ringsum ...

Zur Stunde des Moghreb ist der große Scheich nach wie vor nicht da. Er wird sicher in der Nacht eintreffen, sagt man uns, und wir warten also weiter mit banger Ungeduld.

Nach einem freudlosen Abendessen läßt der Kaimakam uns ersuchen, einen zweiten Besuch machen zu dürfen. Wir sagen zu in der Hoffnung, er werde nachgeben. Er kommt, ihm voraus wird eine große Laterne getragen, setzt sich, plaudert auf türkisch über alles mögliche – nach wie vor sehr höflich –, zieht sich dann zurück, ohne mit einer Silbe die brennende Frage berührt zu haben.

Spät abends, gegen neun Uhr, kehre ich noch einmal allein an den Strand zurück über einen kleinen, absteigenden Pfad, den unsere schlafenden Beduinen und Kamele versperren; arme Menschen und arme Tiere, deren Gesichter uns schon vertraut waren und die morgen früh von uns gehen, um uns den unbekannten Leuten des Mohammed-Jahl zu überlassen! ...

Das Meer rauscht leise in der Nacht. Die schmale Sichel des Ramadan-Mondes leuchtet dort oben unter den Sternen. In der Ferne sieht man nichts mehr, und die Bucht gleicht wieder einem umschlossenen See in dem verschwommenen Grau und der Transparenz der Luft, die das Auge so täuschen können.

Zwei türkische Soldaten sitzen unter Palmen auf einem Stein.

Wir plaudern miteinander. In Akaba fühlen sie sich ebenso verbannt wie ich selbst, und sie schlagen mir vor, gemeinsam im Mondschein auf dem Sandstrand entlang den prächtigen schwarzen Palmen spazierenzugehen.

Sie stammen aus Smyrna und sind Brüder; zuhause leben noch zwei jüngere Brüder. Ihr Exil, das schon vor neunzehn Monaten begann, soll noch zwei Jahre dauern. Einmal im Jahr löst ein türkisches Schiff die Garnison ab, und wenn es in fünf Monaten wieder kommt, wird dieses Schiff sie in ihr Land zurückbringen ...

Plötzlich Leichengeruch ... Ach, wir nähern uns dem toten Kamel, dem einzigen Anwohner des Strandes; im schwachen Licht der Mondsichel erkennen wir kaum seine Lage und die Todesstarre. Wir kehren wieder um. »Vor gut sieben Tagen ist es hier zusammengebrochen«, sagen sie, »aber schon haben die Hunde und Schakale es fast aufgefressen.«

Ich verspreche den beiden Brüdern, morgen abend wieder zu ihnen an den Strand zu kommen, um über ihr Land zu reden. Ich kehre in mein Zelt zurück und lege mich nieder, ohne Schlaf zu finden, denn Minute um Minute erwarte ich die Ankunft des Scheichs, der über unser Geschick entscheiden wird.

25

Mittwoch, 14. März

Gegen drei Uhr morgens höre ich ein Trompetensignal auf der türkischen Zitadelle – ein dünner, zitternder, schleppender, fremdartiger Klang, der in die frische, nächtliche Ruhe hineinschallt ... Oh, die Trompeten von Stambul, sofort erinnere ich mich an sie, als ich das hier höre! ... Ich weiß auch, was sie bedeuten: wir befinden uns im Ramadan, und den Gläubigen wird damit kundgetan, daß wieder die Stunde des Gebets und des Fastens gekommen ist.

Bald beginnt in der Ferne ein Trommler ein Tam-Tam auf trockenem Holz zu schlagen, nähert sich dann unserem Lager und umkreist es. Ach, wie wild, wild und traurig klingt es in die Stille der hiesigen Nächte mit der Wüstenlandschaft als Resonanzboden... Langsam folgen die Schläge, drei um drei – Bam, bam, bam! Bam, bam, bam! – und der bedächtige, fremdartige Rhythmus verursacht bei uns einen seltsamen Schauder...

Mohammed-Jahl kommt an. Mit einer solchen Musik, das kann nur er sein! Ich trete aus meinem Zelt und frage die Wächter:

– Was ist los?

– Nichts, antworten sie, nur ein Trommelwirbel ruft zum Gebet wegen des Ramadan, wie kurz davor die Trompeten.

Bam, bam, bam! Bam, bam, bam! – dieser Klang von trockenem Holz macht zweimal die Runde um unsere Zelte, dann schallt es weiter auf den dunklen Wegen der Oase, wo sich bald sein Ton verlieren wird ...

Wieder vergeht eine Stunde. Ich höre deutlich Kamele

trampeln, ich höre, wie man sie mit einem Zischlaut niederknien läßt, wie Leute absteigen, näher kommen und wie unsere Wächter höflich mit ihnen Salemaleikums austauschen, während eine leise, verstörte Stimme den Namen Mommad-Jahl ausspricht. Diesmal ist er es wirklich, und ich warte darauf, daß mein Zelteingang geöffnet wird ... Aber plötzlich vom Schlaf übermannt, verliere ich das Bewußtsein aller menschlichen Dinge ...

26

In der Tat, es war Mohammed-Jahl; aber er hatte sein Zartgefühl so weit getrieben, daß er nicht zuließ, mich seinetwegen zu wecken; durch unseren Führer von unseren unerwarteten Problemen unterrichtet, hatte er sich den alten Brauch, während des Ramadan die ganze Nacht zu wachen, zunutze gemacht und schon früh morgens um drei Uhr den Kaimakam aufgesucht, um unsere Angelegenheit – übrigens ohne Erfolg – zu verfechten ...

Unser Führer und Dolmetscher, der mir dies alles berichtet, fügt hinzu, daß der große Scheich nunmehr (acht Uhr morgens) um Einlaß in mein Zelt bittet.

Mit ausgestreckter Hand und einem Lächeln auf den Lippen tritt er ein, gefolgt von zwei jungen Leuten, seinem Sohn und seinem Neffen; er nimmt den angebotenen Sessel und setzt sich mit der Würde eines vornehmen Herrn, während ich meinen beiden Reisegefährten mitteilen lasse, daß der Kinderschreck der Wüste bei mir sei.

Ein feines und prächtiges, altes Räubergesicht. Grauer Bart und graue Augenbrauen; ein Profil wie geschnitzt; funkelnde Augen, die von einer Sekunde zur anderen gebieterisch und grausam, bald einschmeichelnd und sanft sein können. Er trägt ein rotes, mit kleinen gelben Flammen versehenes Gewand aus Brussaseide, dessen weite Ärmel fast bis zur Erde reichen; über diesem ersten Kleidungsstück ein grobes sand- oder staubfarbenes Beduinenhemd und darüber einen Kasack aus Schafspelz. Auf seinem Kopf ein in langen Falten herabhängender *Kuffi* aus dicker Mekkaseide, der um die Stirn von einer Krone aus Goldkordeln mit kleinen schwarzen Troddeln gehalten wird. Ganz kleine bloße Füße in Ledersandalen; kleine Kinderhände spielen mit dem landesüblichen Stock in Form eines Lotusblattes, mit dem die Kamele gelenkt werden.

Sehr zuvorkommend, außerordentlich vornehm, hin und wieder ein Herrscher- oder Zornesblitz in den scheuen, unsteten Augen, die sich dem Blick des anderen entziehen, die jedoch, sobald er sich unbeobachtet glaubt, einen anstarren und durchbohren.

Er ist so, wie ich ihn mir vorstellte, wie ihn fünfzig bis sechzig Jahre Wegelagerei geformt haben. Neben ihm erscheinen die beiden ihn begleitenden jungen Leute wie harmlose, folgsame, zitternde Kinder.

Er begrüßt mich, drückt sein Erstaunen über den Eigensinn des Kaimakams sowie sein Bedauern aus, uns nicht in Petra empfangen zu dürfen.

– Aber, sage ich kurz entschlossen, könntest du uns nicht scheinbar nach Suez geleiten – und dann nach zwei Tagesmärschen … wer erführe es? …

Er unterbricht mich, meine Hand ergreifend, und die Wehmut eines gefangenen Raubtiers streicht über seine flinken Augen: »Ach«, erwidert er, »früher … ja, früher, war ich der Herr. Aber jetzt, weißt du, sind die Türken gekommen, und seit einem Jahr habe ich mich unterworfen und diesem Kaimakam mein Wort gegeben, ihm zu gehorchen ...«

Da wird mir klar, daß wir jede Hoffnung aufgeben müssen.

Unnütz, noch mehr in ihn zu dringen, denn das gegebene Wort – das bei uns in den fortgeschrittenen Ländern so wenig gilt – ist für die Räuber der Wüste absolut heilig.

Aber er schlägt mir vor, nach Ägypten zurückzukehren, nicht wieder über den Sinai, sondern auf dem Pilgerweg nach Mekka (Nakel und die Wüste Tih), der nur zehn Tage erfordert, und zwar mit seinem Geleit, das er für uns ausgerüstet hat und heute abend aus Petra kommend hier eintreffen soll.

– Schicke deine Leute und deine Kamele fort, schlägt er vor, du nimmst dann meine, die sind viel besser.

Ich nehme dankend an. Es abzulehnen, hätte keinen Wert, da ich nunmehr in seiner Gewalt bin.

Also ist es beschlossen, und wir haben nur noch über nebensächliche Dinge zu verhandeln. Zunächst über den Mietpreis der Leute und der Tiere, wobei er sich recht anständig verhält. Weiterhin über das Lösegeld für uns alle: »Früher«, sagt er, »wenn Fremde durch Petra zogen, erhob ich zwölf Pfund in Gold für jede Person; ich verlange von euch nur sechs, da ihr mein Gebiet nur streifen werdet.« Dieses Entgegenkommen ist tadellos, und wir scheiden voneinander als die besten Freunde der Welt und mit sehr herzlichem Händedruck.

Nun müssen wir alle diese armen Beduinen verabschieden, die uns bis heute geleitet haben. Sie sind allerdings darauf gefaßt, da sie um meine Verhandlungen mit dem Scheich von Petra wußten. Ihre Vorbereitungen sind getroffen, ihre Schläuche an der frischen Quelle der Oase gefüllt, und sobald sie entlassen sind, kommen sie herbei, um uns die Hände zum Abschiedsgruß zu küssen, denn sie haben es eilig, den Gefahren vor Ort zu entrinnen.

Im Ganzen waren es brave, ziemlich verläßliche Leute aus der weniger ungastlichen Wüste des Sinai. Als wir sie auf dem Sand sich entfernen sehen, scheint es uns, als zerreiße ein allerletztes Band zwischen uns und der Welt.

Morgen früh also müssen wir mit den zwanzig Leuten und den zwanzig Kamelen des alten Jahl nach Ägypten zurückkehren. Der Gedanke, wieder in Kairo zu erscheinen, ist uns besonders ärgerlich. Was werden die Freunde sagen, die uns auf der Suche nach Abenteuern glaubten, wenn wir wie unbesonnene Spaziergänger aus Mangel an nötigen Papieren zurückgebracht werden? Wirklich, damit können wir uns nicht abfinden; auf jede Gefahr hin werden wir unterwegs versuchen, die Leute von Petra zu bestechen, damit sie nach Palästina umkehren; aber das könnte ein riskantes Spiel werden, denn wir setzen uns allen möglichen, lächerlichen Verwicklungen aus, wenn wir das Verbot eines offiziellen Vertreters der Türkei mißachten. Ziemlich ratlos sitzen wir im Zelt, in das der glühendheiße Kamsin Sand und Fliegen weht. Der Tag zieht sich qualvoll und schleppend hin, während sich die Oase und besonders unsere unmittelbare Umgebung auf eigenartige Weise bevölkert; bewaffnete Spießgesellen, die immer näher an unseren Mauern aus Leinwand umherstreichen, Beduinen mit scharfem Profil und Neger mit platten Gesichtern, all die umherziehenden Hungerleider, die Wegelagerer aus der nahen Wüste, herbeigelockt durch unsere Lebensmittel und unser Gold,

Kamelreiter

umkreisen uns wie Fliegen die Speisen. Hinzu kommen noch große gelbe Heuschrecken, mitgeführt vom heißen Südwind …

Dank dem alten Jahl entwickeln sich am Nachmittag neue Unterhandlungen zwischen unserem Lager und dem Haus mit dem Palmendach, wo der Herr über unser Schicksal wohnt. Boten kommen und gehen durch die stickige kleine Straße mit den niedrigen Erdmauern und wecken neue Hoffnung.

Der Kaimakam bedauert, uns so großen Verdruß zu bereiten. Daß er uns über Petra weiterziehen läßt, ist unwahrscheinlich, schon aus Furcht, die Verantwortung gegenüber seiner Regierung und auch der unsrigen zu übernehmen; das wäre in der Tat in diesem Augenblick zu gewagt, selbst nach Aussage Mohammed-Jahls, der nur bis zur Grenze seines Herrschaftsbereiches für uns einstehen kann und der mit gewisser Besorgnis von gestrigen schweren Kämpfen bei Kerak und Tafileh spricht.

Aber vielleicht läßt er uns direkt nach Gaza ziehen und die Wüste Tih durchqueren, eine Reise von zehn bis zwölf Tagen in Gegenden, die noch weniger betreten werden als die von Petra und vom Toten Meer, und das nur unter der Bedingung, daß ein türkischer Offizier und zwei Soldaten der Zitadelle von Akaba uns begleiten, deren Kamele, Nahrung und notfalls Lösegeld wir selbstverständlich bezahlen müßten. Die letzte Bedingung beweist, daß er uns mißtraut, daß er einen gewissen, uneingestandenen Spionageverdacht hegt, da wir so dringend darauf bestehen, ohne besondere Erlaubnis das Gebiet zu bereisen, dessen Zutritt untersagt ist und in dem die Türkei gerade ihre Kriegshandlungen begonnen hat; aber man kann ihm deswegen nicht böse sein, zumal die Wüste von Petra an sich nichts bietet, was unsere Hartnäckigkeit rechtfertigen könnte.

Gegen Abend scheint alles in Ordnung zu kommen. Der Kaimakam, der wegen des Ramadan nicht zu sprechen ist, läßt uns ausrichten, daß er durch Gebet und Fasten sehr entkräftet sei, und er bittet uns, bis zur Stunde des Moghreb zu warten. Wenn er wieder etwas gegessen und ein wenig Kaffee getrunken habe, werden seine Gedanken klarer sein, um einen Beschluß in unserer Angelegenheit zu fassen. Aber wir sind jetzt weniger besorgt, und der Weg durch die Wüste nach Palästina scheint sich nun endlich für uns zu öffnen.

Bei Sonnenuntergang gehe ich mit Leo zum verlassenen Meer hinunter, um zu baden. Die Spießgesellen mit den Hirschfängern, die unsere Anwesenheit in die Oase gelockt hat, weichen nicht mehr aus dem Umkreis unseres Zeltlagers, aber die Pfade durch den Palmenhain mit den alten, niedrigen und knochengespickten Mauern sind wie gewöhnlich menschenleer; ebenso der Strand des ewig blauen Meeres am Fuß der ewig rosafarbenen Berge.

Wir gehen bis ans Ende der Oase, wo die großen, prächtigen Dattelpalmen aufhören und einer kümmerlichen Ansammlung von Palmen Platz machen, die verkrüppelt sind und sich in weiten Abständen im Wüstensand verlieren.

Nach unserem Bad, während wir uns ausgestreckt im Schatten der letzten Bäume trocknen, hören wir plötzlich hinter uns leises Getrippel, und wir spitzen die Ohren, etwa hundert Schafe umringen uns ... Auch die Hirten tauchen auf; es sind zwei, zwei türkische Soldaten in Uniform und bis an die Zähne bewaffnet, das Repetiergewehr auf der Schulter, Revolver und Patronen im Gürtel – bekannte

Gesichter, die mich lächelnd begrüßen. Richtig, meine Freunde von gestern abend, die beiden aus Smyrna, Hassan und Mustafa, die zwei Brüder. Es gehört anscheinend zu ihrem Dienst, die Herde aus der Zitadelle auf die Weide zu führen.

– Sind denn eure Schafe so gefährlich, daß ihr so bewaffnet sein müßt?

– Oh, nicht wegen der Schafe, antworten sie, nein, wegen der Beduinen! Die Gegend hier ist unsicher, schon eine halbe Stunde hinter Akaba fangen sie an, einem die Kehle durchzuschneiden! ...

Sie treiben ihre Herde mit Hirtenrufen zusammen, um sie in den Pferch zurückzuführen, und ich verspreche den beiden, heute abend zwei Stunden nach dem Moghreb ein letztes Mal am Strand mit ihnen zu plaudern ...

Um acht Uhr, schon bei Nacht, leuchtet eine große Laterne in der kleinen Straße auf und kommt auf unsere Zelte zu; der Kaimakam läßt mich bitten, gemeinsam mit dem Scheich von Petra bei ihm vorzusprechen, und voller Hoffnung gehen wir zu ihm hin.

Als erster tritt der alte Scheich ein und setzt sich; dann nehmen wir feierlich Platz in dem Saal mit den Wänden aus getrocknetem Lehm, den eine in einer Nische stehende Laterne nur spärlich beleuchtet. Der Kaimakam, der trotz der Hitze seinen Pelzkaftan trägt und tatsächlich durch das Fasten sehr erschöpft aussieht, reicht uns die Hand zum Willkommensgruß, ein Neger bringt Zigaretten auf einem Tablett, Kaffee in Tassen aus Chinaporzellan; dann, nach den üblichen Höflichkeiten, herrscht Schweigen.

Die Tür öffnet sich wieder und läßt ein Stück Himmel sehen, auf dem sich schwarze Palmen bewegen, zwischen deren Kronen ein Stern blinkt. Dann treten mehrere Personen schweigend und in majestätischer Langsamkeit ein: graubärtige Greise im Pelzkaftan, den Kopf von Tüchern aus Mekkaseide umhüllt, strenge und unerbittliche Gesichter, die beim ersten Anblick die Schönheit von Propheten haben, aber mit scharf gebogenen Nasen, mit Adler- oder Geieraugen. Dem Empfang nach, den ihnen der Kaimakam bereitet, müssen es Honoratioren der Wüste sein, auf die man zählt; ihre Geschäfte werden jedoch nach dem unseren verhandelt, denn man läßt sie ein wenig abseits, fast im Dunkeln längs der Wand Platz nehmen, wo sie eine abenteuerliche Kulisse bilden, während unser Geschick unter dem alten Palmendach entschieden wird.

Endlich spricht der Kaimakam mit sanfter, vornehmer Stimme; voller Zurückhaltung gesteht er die Möglichkeit ein, uns direkt nach Palästina reisen zu lassen; aber sein Zögern, seine Befürchtungen ... Oh, diese orientalische Umständlichkeit! ... Die Unterredung wird auf türkisch geführt, unser Führer kniet vor ihm, in zugleich bittender und schmeichlerischer Haltung, um das entscheidende *Ja* zu beschleunigen, das uns die Fortsetzung unserer Reise geben würde – und nach einer geschlagenen halben Stunde zeigt sich der Kaimakam dazu bereit! Wir sind gerettet, denn er gibt wie alle Orientalen nur einmal sein Wort.

Bleibt noch, unsere Namen und den seinen auf türkisch und französisch zu schreiben, verschiedene Details zu klären, und schon verabschieden wir uns begeistert, sind erleichtert nach zwei sorgenvollen Tagen.

Draußen finden wir wieder eine wundervolle Nacht, die Nacht, wie sie hier immer ist. Über den dunklen, sandgefederten Pfad, im Schutz der Palmen, schreite ich in meiner weißer Gespensterkleidung zum letzten Abend am Strand dieses verlassenen Meeres, das vom zunehmenden Mond beschienen wird.

Meine beiden Freunde, die Hirtensoldaten, erwarteten mich schon lange, hatten fast die Hoffnung verloren, mich wiederzusehen. Wir plaudern in tiefer Stille über die türkische Heimat, von Stambul oder Izmir, während wir dicht am Rand des spiegelnden Wassers entlanggehen, alle hundert Schritt stehenbleiben und einen Umweg machen, um das tote Kamel zu meiden, so oft unser Spaziergang uns in seine Nähe führt ...

Aus der Ferne ruft Trompetenklang sie zurück, melancholisch und bedächtig, hoch wie die Stimme des Muezzin. Rasch müssen sie zur Zitadelle laufen; sie eilen davon, zeigen mir noch einen Pfad, der sich im Dunkel der Bäume verliert: »Geh dort geradeaus, das ist der kürzeste Weg zu deinem Zelt.«

Und schon bald habe ich mich verlaufen, bin allein in der Dunkelheit. Er ist zwar nicht riesig, dieser Wald, ist aber nach allen Richtungen von unnötigen Mauern durchschnitten, unverständliche kleine Ruinen. Und alle Augenblicke gerate ich zwischen diesen alten baufälligen Mauern in Sackgassen, aus denen es keinen Ausweg gibt! Niemand weit und breit, dafür Knochen und Tierschädel, die weiß aufleuchten im schwachen Mondschein, den die Palmen nur begrenzt durchlassen ...

Es muß gleich Mitternacht sein, sehr spät für Akaba ...

Endlich bin ich in einem Friedhof, ich weiß nicht, wie ich dorthin gelangt bin, und das Gewölbe der breiten, schwarzen Wedel breitet sich nicht mehr über mir aus; von hier kann ich etwas weiter blicken und mich zurechtfinden ...

Ein richtiger Wüstenfriedhof, in dem alles bedeckenden,

ewigen Sand. Er ist leicht rosafarben im Mondlicht; der Boden, die kleinen ungepflegten Gräber, wie Kamelsättel geformt, verschwimmen in der einheitlichen blassen Lachsfarbe; man erkennt nichts, was hervorragt oder woran der Blick haften könnte; alle Dinge dieses Landes, wenn die Nacht sie umhüllt, haben er etwas Unbestimmtes, als betrachte man sie durch einen rosa Schleier …

Ein Tier, das in einem Erdloch irgend etwas Entsetzliches verschlingt, flieht mit einem kurzen Gekläff, das einem einen Todesschauer einjagt – ein Hund oder ein Schakal.

Das bedrückende Palmengehölz liegt jetzt hinter mir wie ein geschlossener Vorhang, und ich entdecke die ganze unendliche Weite, die wieder das Aussehen der abendlichen Traumbilder angenommen hat. Über den Friedhofsmauern mit ihren scheinbar weichen Umrissen tauchen die ebenfalls weich gezeichneten Dünen auf, und darüber türmen sich die fernen Granitberge, verlängern bis zur Mondsichel eine allgemeine, rosafarbene Aufwärtsbewegung. Der Sinn für die Perspektive schwindet, als sei die Erde in Dunst verwandelt und habe sich an dieser einen Seite angehoben, bis zum Umzukippen; aber gleichwohl hält dieses unsichere Gleichgewicht an, alles bleibt an seinem Platz, in unendlicher Stille auf ewig erstarrt. Und immer wieder flößen die Wüste und der Islam eine dunkle und doch köstliche Beklemmung ein, die menschliche Worte nicht beschreiben können …

Das Tier ist noch da, es läuft gehetzt um die Gräber, duckt sich flach an den Boden aus Furcht vor meiner Anwesenheit und kläfft weiterhin, weil ich es gestört habe; eine schleppende Klage in schriller Tonfolge tönt aus der schauerlichen und aasfressenden Kehle …

Endlich erblicke ich wieder meine Zelte, eine Art weißer Kegel zwischen den nur undeutlich zu erkennenden Mauern aus karminrotem Lehm, aus denen das Dorf besteht, und da der Friedhof wohl nur den einen Zugang hat, steige ich, um den Weg abzukürzen, über die Mauer – die Mauer aus Kiesel und getrockneter Erde, die unter meinem Gewicht nachgibt und mit Gepolter und unter einer Staubwolke zusammenbricht, so daß eine zwei bis drei Meter breite Öffnung klafft – während ich, so schnell ich kann, aus Furcht vor den Beduinen fortrenne, die vielleicht herbeieilen und voller Empörung über diese Entweihung den Übeltäter bestrafen könnten …

Im Lager finde ich alle unsere Leute auf den Beinen. Diener, Köche und Dolmetscher sind furchtbar aufgeregt und entsetzt, denn die Beduinen aus der Wüste Petra sind mit unseren Kamelen angekommen, haben unsere Leute nach Mitternacht mit dem Säbel in der Hand aufgeweckt und sich unter Gewaltandrohung ein Mahl von unseren besten Vorräten kochen lassen, zu dem sie sogar alle hungrigen Strauchdiebe der Gegend einluden.

– Es sind Teufel, Teufel, allesamt Teufel! Sagen sie und bereiten das Essen mit Zorn im Herzen an großen Feuern, die sie angezündet haben, um unsere Hühner und Lämmer zu braten.

Bestohlen, geplündert, erpreßt zu werden, das war vorauszusehen. Solange man uns nicht persönlich angreift, müssen wir alles geschehen lassen und uns ruhig schlafen legen, nachdem wir der ganzen Gesellschaft mit gönnerhaftem Lächeln guten Appetit gewünscht haben …

27

Donnerstag, 15. März

Bam, bam, bam! Bam, bam, bam! Schon um drei Uhr in der hallenden Frische des frühen Morgens vernehme ich wieder den bedächtigen, traurigen Klang der kleinen Holztrommel auf den dunklen Pfaden der Oase ... und auch unser Lager umkreist sie, um denen, die zu Mohammed gehören, zu verkünden, daß das Fasten wieder beginnt.

Ich, der so spät eingeschlafen war, werde von der Trommel zu früh geweckt, und ich habe nun Zeit, an den kommenden, arbeitsreichen Tag zu denken, an die Abreise, die sicher mit den unbekannten Beduinen und auf den Kamelen meines neuen Freundes nicht einfach sein wird.

Kaum ist die Sonne aufgegangen, da hat sich schon am Rand unseres Lagers eine erregte, schreiende Menge eingefunden; zuerst die Kameltreiber, die wir selbst bei Mohammed-Jahl erbeten haben, dann viele andere, unnütze Gestalten, die dem großen Banditen aus dem Inneren der Wüste gefolgt sind, in der Hoffnung, etwas von uns zu erbeuten. Unter den seidenen *Kuffis* oder wollenen Tüchern verbergen sich finstere Gesichter, leuchten bösartige Augen auf. Überall in der wogenden Menge glänzt Messing oder Kupfer; diese Männer sind mit Waffen und Amuletten behangen, dazu Umhängetaschen, die geheimnisvolle Schriftstücke enthalten, lange schmale, in den Scharmützeln der Wüste abgenutzte Gewehre, lange, vom Vater auf den Sohn vererbte, an gemeuchelten Menschen oder Tieren schartig gewordene Dolche.

Den Mittelpunkt des Geschreis bildet das Zelt, das unsere Reisevorräte birgt; dort sitzt ein Kreis von Männern, den ein Kreis stehender Männer umringt, und alle reden wild aufeinander ein, packen sich an Armen, Händen oder an der Stirn, um sich die Todesdrohungen noch dichter ins Gesicht zu brüllen. Unter ihnen erkenne ich Mohammed-Jahl, in der Hand seinen Kamelstock wie ein Szepter haltend, seine Augen unter dem schönen, mit Goldschnüren befestigten Tuch sind voller Grimm, und er brüllt mit der Stimme eines alten, noch gebieterischen und schrecklichen Löwen. Die in Lumpen gehüllten Leute, die ihn umringen, sind die Honoratioren aus seinem Wüstenreich, unter die er unser Lösegeld verteilt, so viel wie möglich für sich behaltend. Und man sieht, wie Goldstücke fünf bis sechs Mal von Hand zu Hand wandern, immer wieder weggerissen von zusammengekrallten Fingern.

Nebenan bilden die Araber aus Akaba, die uns nachts bewacht haben, eine wütende Gruppe um unseren Dolmetscher und verlangen übermäßigen Lohn für ihre drei Nachtwachen. Andere wieder verlangen etwas anderes; einer hat vorgestern sein Kamel für den Ritt nach Petra ausgeliehen, einer hat den Brief an den großen Scheich geschrieben, einer hat unsere Fässer an der Wasserstelle gefüllt … Immerzu erscheinen neue, der eine will ein Schaf verkaufen, der andere mit Nachdruck und der Waffe in der Hand ein Huhn, und das zu Preisen wie in einer belagerten Stadt. Und immer mehr beengen sie unsere Leute, packen sie, als wollten sie ihnen die Kleider vom Leib reißen.

Die Zeit verrinnt, nichts geschieht, und Goldstück um Goldstück verschwindet.

Keiner der türkischen Soldaten, die uns hätten beistehen können, läßt sich blicken, und der Kaimakam, dessen Unterschrift für die Erlaubnis zur Abreise wir mit banger Ungeduld erwarten – schläft! Wir sind im Ramadan, Fasten und Gebet haben ihn geschwächt; er ruht in seinem Häuschen mit dem Palmendach, und seine Soldaten wagen nicht seinen Schlaf zu stören.

Und unsere Kamele liegen vor Erschöpfung wie tot auf der Seite, den langen Hals im Sand ausgestreckt. Unser Führer, der sie betastet hat, behauptet, sie hätten wenigstens acht Tage nichts gefressen und würden den heutigen Marsch kaum schaffen.

Noch zeigt man Achtung vor unserer Person, wendet sich nur an unsere Leute. Doch die Menge der Ausgehungerten mit finsterem Ausdruck wird immer größer und das laute Geschrei immer wütender.

In einem Moment, als mich eine Gruppe hart bedrängt und ich mich bemühe, undurchdringlich und lächelnd unter meinen Tüchern zu bleiben, eilt Mohammed-Jahl mit erhobenem Stock heran; ein einziger kurzer, wütender Befehl sprengt den Kreis, dann ergreift er meine Hand mit der Vornehmheit eines Edelmanns und führt mich mit der allergrößten Gelassenheit zu den Dromedaren, damit ich eins auswähle. Eher wird er wohl selbst eins auswählen, um sicherzugehen, daß es ausgezeichnet ist; er untersucht sie alle, läßt meinen Sattel und mein Gewehr auf mehreren Tieren ausprobieren. Ich wünschte mir eine weiße Kamelstute, die mir sauber und schmuck schien, doch er weist sie mit verächtlichem Achselzucken zurück. Sein Augenmerk richtet sich auf ein junges männliches Tier, das mit heftigen Riemenschlägen aufgerichtet wird – und das ich auf jeden Fall besteigen werde: es gleicht einem Strauß, so schlank ist es, so fein und schmal sind Hals und Beine; es ist wirklich sehr elegant und so hübsch, wie ein Kamel nur sein kann; zudem hat es die Farbe der Wüste, ein warmes, rosa Grau wie die ganze Gegend, so daß man meinen könnte, es sei farblos.

Eine brennende, herrliche Sonne strahlt über der Oase und scheint sengend auf das Getümmel unseres Zeltplatzes herab. Durch den Palmenvorhang zeichnet sich die Linie des tiefblauen Meers ab, von langen, schlanken Stämmen durchschnitten, als blicke man durch eine Schilfhecke. Unsere Zelte, Teppiche, Sättel, unser Gepäck, alles liegt verstreut auf dem Sand, und die brüllenden, hageren Männer mit den langen Messern und Gewehren trampeln darauf herum, rekken die Arme zum Himmel, gebärden sich wie toll. Auch Hunde rotten sich zusammen, Schafe, Ziegen und alle Kinder aus Akaba, die kleinsten und die hübschesten, die einen ganz nackt, die anderen in einem viel zu langen Burnus, den sie wie eine Schleppe hinter sich herziehen, Gesicht und Augen voller Fliegen, einige trotzdem ganz reizend von Gestalt, vom dunklen Blick und vom muskulösen Wuchs her gleichen sie Amorputten. Und der Kamsin weht, und auf die erregte Menge, auf die Lumpen, auf die glänzenden Messingbeschläge an den Waffen, auf das ganze Geschrei, die Gebärden, die Begehrlichkeiten und die Drohungen prasseln große gelbe Heuschrecken wie Hagelkörner nieder.

Unterdessen scheint der Kaimakam erwacht zu sein, und sein Entschluß ist während des Schlafes nicht ins Wanken gekommen. Allah sei gelobt, denn er erlaubt uns wirklich, nach Palästina weiterzureisen. Die Papiere für die Abreise, die Verträge mit Mohammed-Jahl werden in seinem alten Haus dort hinten in der Kehre des kleinen Sträßchens mit den Erdmauern bedächtig auf arabisch unterschrieben.

Und das Beladen unserer Kamele beginnt. Aber wir sehen voraus, daß es nur langsam vor sich gehen wird: immer wieder, wenn eins bepackt und zum Abmarsch bereit ist, taucht eine bewaffnete Person mit wildem Blick und blekkenden Zähnen auf und wirft, von Flüchen begleitet, wieder alles herunter.

Immer wieder stürzt Mohammed-Jahl, den ich in der Menge an seinem stets erhobenen Kommandostock erkenne, wie ein Widder auf mich zu, um mich wegen irgendeiner von unserem Führer begangenen Ungeheuerlichkeit als Zeugen anzurufen: so wollte der die Karawane aus Sparsamkeit um ein Kamel verkleinern, dann knauserte er wegen des Preises eines Schafes, oder er gab diesem oder jenem nicht versprochene Entlohnung. Und jedesmal muß ich dem alten Scheich folgen ... Aber sobald er sich an mich wendet, werden seine Blicke und Gebärden milder; meine Hand in seiner sehr kleinen haltend, führt er mich mit großer Ehrerbietung und ausgesuchter Höflichkeit zum Ort des Geschehens ...

Endlich, endlich ist alles beschlossen, geregelt, unterzeichnet; alle sind sich einig.

Meine Reisegefährten sitzen bereits auf ihren Dromedaren, und ich will gerade das meine mit den Ibisbeinen besteigen, da stürzt jemand herbei und teilt mir mit, daß der große Scheich mich nochmals sprechen möchte.

Ich kehre also um und suche ihn in der Menge; ich wollte mich ohnehin vor dem Aufbruch noch von ihm verabschieden. Ganz hinten auf dem Platz sehe ich ihn aus dem kleinen Sträßchen des Kaimakam sehr erregt, wütend und mit fürchterlichem Blick erscheinen; zwei andere Greise, einer zu seiner Rechten, einer zu seiner Linken halten ihn bei den Händen, zwei alte Scheichs, prächtig in ihrem Aussehen und ihrem Zorn, mit wehender Kleidung. Alle drei brüllen auf einmal und eilen im Sturmschritt wie eine Schar Furien durch den glühenden Wind, der ihre Burnusse und Kopftücher auffliegen läßt. Hinter ihnen laufen andere, in ihrer drohenden Erregung wenig Vertrauen einflößende Gestalten ... Was gibt es schon wieder, und was wollen sie von mir? ...

Aber nein, nicht gegen mich richtet sich dieser neu entflammte Groll; zum Glück sind wir nicht der Anlaß.

Im Gegenteil, sobald sie mich erblicken, bleiben alle stehen, und das Gesicht des großen Räubers besänftigt sich:

– Ach, ruft er, ich wollte dir ankündigen, daß ich dir meinen Sohn Hassan, mein Sohn Hassan ist hier (er schiebt die Greise beiseite und läßt mit einer Handbewegung den jungen Scheich vortreten), zur Begleitung nach Palästina mitgebe. Hör zu, du hast dich mir anempfehlen lassen, als du hierhergekommen bist; nun aber empfehle ich dir meinen Sohn an.

Darauf fasse ich Hassan an den Schultern und drücke nach Sitte der Wüste meine Stirn an die seine. Mohammed bietet mir sogleich die Umarmung, die ich seinem Sohn gab – und damit ist zwischen uns unter dem Beifallsgemurmel der Umstehenden ewige Freundschaft geschlossen.

Jetzt sitzen wir endlich alle auf unseren Tieren und sind marschbereit.

Wie es scheint, ist nun jeder mit unseren Geschenken und unserem Verhalten zufrieden, denn die auf einmal ruhig gewordene Menge ruft uns Lebewohl und Glück für die Reise zu. Und langsam, ganz langsam ziehen wir ab, an den letzten kleinen Erdmauern, den letzten Palmen der Oase vorbei, sind glücklich, allmählich wieder Stille zu finden und dieser Meute entgangen zu sein, ohne unsere Kleider, unser restliches Geld oder unsere Köpfe eingebüßt zu haben. Es ist fast zehn Uhr, zum Abmarsch brauchten wir drei schwierige Stunden.

Wir reiten in einem heillosen Durcheinander, jeder sogleich isoliert im unendlichen Sand zwischen trostlosem Wüstengestrüpp. Zweifellos haben wir für lange Zeit den Palmen und ihrem Schatten Lebewohl gesagt; der im Sonnenlicht glitzernde Boden ist von den gleichen gelben Heuschrecken übersät, die heute morgen wie kleine Wolken über Akaba herfielen.

Ein Mann holt mich ein und nähert sich mir lächelnd, um an meiner Seite zu reiten; er streckt den Arm aus, und wir reichen uns von einem Dromedar zum anderen die Hand: es ist mein neuer Freund, der junge Scheich von Petra, den Mohammed-Jahl erwählt hat, uns nach Palästina zu begleiten.

Er hat nichts von seinem Vater, dieser Scheich Hassan: klein, zart, außerordentlich schlank, die Taille umschließt ein sehr eng sitzender Ledergürtel; zwischen zwanzig und fünfundzwanzig Jahre alt, sehr dunkel, das Gesicht ist von einem schmalen schwarzen Bart umrahmt; häßlich, unregelmäßig, aber dennoch nicht ohne eine gewisse Anmut, einen fast weiblichen Reiz; er sieht ebenso schüchtern und sanft aus wie sein Vater furchteinflößend; gleichwohl ein Räuber, wie seine Vorfahren, und gelegentlicher Mordgeselle. Er hat hübsche Waffen und Amulette; wie alle Leute seines Stammes trägt er lange, spitz zugeschnittene Ärmel, die am Boden schleifen, wenn er geht, und im Wind flattern, wenn er im Sattel sitzt. Er reitet ein Dromedar von der Art wie das meine, mit hohen Sumpfvogelstelzen, und lenkt es mit sichtlicher Geziertheit, aber gleichwohl mit Grazie. Zieht er die Zügel aus schwarzer Wolle straff, richtet sich das schlanke Tier auf, verdreht ganz ungewöhnlich seinen Schlangenhals; wie eine Art Strauß auf vier Beinen springt es hin und her, verwickelt sich in die unzähligen schwarzen Wollfransen und Quasten, die von den Ohren und Flanken bis zu den platten Füßen herabhängen. Und er, der junge Scheich von schlankem Wuchs, sitzt hoch oben auf dem Rücken des Tieres, neigt seinen schmalen Kopf, als wäre das Gewicht seines Kopfschmuckes zu schwer, und hält, in Priesterpose, mit ausgestrecktem Arm, ganz gerade den traditionellen Stock, dessen Form an das junge, noch nicht entfaltete Blatt der Lotusblume erinnert.

Wir entfernen uns immer weiter. Die Oase ist bald nur noch eine grüne Linie zu Füßen der aufragenden rosa Granitmassen Arabiens. Selbst das Meer bildet nur noch einen immer schmaleren Streifen von unwahrscheinlichem Blau, der schließlich verschwindet. Wir reiten wieder durch Täler von Asche, an Bergen von Asche vorbei, durch die monotone, graurosa Trostlosigkeit.

Manchmal kommen wir an irgendeinem Schattenloch vorbei, das bis ins Herz der Felsen vorzudringen scheint und an dessen Eingang sich blanke Knochen häufen: Höhlen von Leoparden, die zu dieser Stunde noch ruhen und zweifellos beim Geräusch unserer Tritte ihre gelben Augen blinzelnd öffnen.

Es wird drückend heiß, und vor allem wird es unheimlich; doch nach den Aufregungen und Sorgen in Akaba kommt uns der wiedergefundene Frieden der Wüste köstlich vor.

Unsere Karawane hat sich durch den vom Kaimakam uns zugeordneten türkischen Offizier und zwei Soldaten, die ebenfalls Beduinenkleidung tragen, vergrößert und durch fünf oder sechs unbekannte Reisende aus einem Stamm des Nordens, die uns in letzter Stunde gebeten haben, ihrer Sicherheit wegen sich uns anschließen zu dürfen.

Wie verschieden ist nun unser Geleit von den harmlosen

und unscheinbaren Kameltreibern, die wir in Suez angemietet hatten; weniger elendig, schöner und stärker; aber auch viel wilder und verschlossener. Jetzt scheint es uns, daß erst Akaba die Schwelle zur wahren Wüste ist...

Wir bewegen uns in einer dem Ramadan entsprechenden langsamen Art und Weise vorwärts; die Menschen sind durch religiös bedingte Enthaltsamkeit erschöpft und die Tiere durch erzwungenes Fasten, durch die Gewaltmärsche von Petra her. Wir werden daher heute nur eine kurze Strecke zurücklegen, aber an den folgenden Tagen um so schneller reisen und *Inschallah* in elf Tagen quer durch die Wüste Tih nach Judäa gelangen.

Unser Nachtlager befindet sich in den Bergen, in einer der tiefen Granitschluchten mit senkrechten Felswänden, wo die Karawanen gern Rast machen, denn man ist dort vor starkem Wind sicher und kann sich der Täuschung hingeben, daß die Felswände einen vor nächtlichen Überfällen schützen.

Dort oben, zwischen den Felsen, wo ein Stück Himmel sichtbar wird, leuchten die sieben Sterne des Großen Wagen, und der Mond des Ramadan steht als hellgoldener Halbkreis im Zenit; die Nacht, stets wunderschön mit ihrer außergewöhnlichen Transparenz, in der alle Dinge erstaunlich deutlich und doch von der Unbestimmtheit des Traumes sind, ist gerade hereingebrochen.

Unsere ganze Karawane ist beieinander zur großen Ruhepause; die Leute sitzen in kleinen, selbstgewählten Gruppen ums Feuer; die Türken, hier die Beduinen aus Petra; dort unsere Syrer; und noch woanders die fünf Unbekannten. Etwa dreißig Kamele schlafen kniend zwischen den Männern.

Es gibt nahe und entferntere Gruppen, hintereinander verteilt bis zur Mündung des dunklen Ganges, der uns herführte; es gibt auch etliche, die auf verschiedene Höhen gestiegen sind, auf kleine wunderschöne Felsplattformen – und züngelnde Flammen beleuchten dunkle Gesichter, weiße Zähne, blitzende Schwerter, lange Burnusse, majestätische Posen oder äffisches Niederkauern und ein Durcheinander nackter Gliedmaßen.

Heute ist der Tag, an dem unter der Asche das Brot für die ganze Woche gebacken wird – Brot ohne Sauerteig, hart wie Stein –, das größere Feuer verlangt als die üblichen, herrliche Feuer aus stark duftenden Zweigen.

Und man benötigt so viele Feuer zum Backen der Brote, so hohe Flammen, daß die überhängenden Granitfelsen in roter Glut in den eben noch schwach schimmernden Himmel aufleuchten, ein jetzt fast schwarzer und sternenloser Himmel – eine Art großes Schattenloch, in das sich ein nun viel blasserer, erloschener und bläulicher Mond bis in die fernsten Tiefen zurückgezogen hat.

Wir erfüllen diesen Winkel der Einsamkeit, wo die Luft vor unserem Eintreffen jungfräulich schien, mit einem vielfältigen Duft nach Beduinen, mit dem Moschusgeruch der Kamele, mit menschlichen Ausdünstungen, mit dem Wohlgeruch türkischer Pfeifen und dem Aroma brennender Zweige.

Die Brote sind gebacken, die Feuer brennen nieder; auch die Granitfelsen sind erloschen, sind nun wieder schwarz, und der blasse Mond macht sein Recht wieder geltend, gewinnt sein gold- und silberfarbenes Licht wieder zurück. Eine plötzliche Wandlung, eine andere Verführung unserer Augen, die vor gesunder Müdigkeit zufallen wollen.

In den kargen Sträuchern, in den unsichtbaren, abgeweideten Bodenpflanzen erzeugen die Grillen ein Frühlingslied, das wir zum erstenmal in Arabien hören.

Und da es die Stunde des Gebets vorm Schlafengehen ist, erheben sich alle Männer, die Beduinen aus Petra und die Beduinen von anderswo, blicken nach dem so nahen Mekka und rufen einstimmig den Gott der Wüste an; so verblaßt alles vor der Größe und Erhabenheit dieses Gebets zwischen den mondbeschienenen Felsen …

28

Freitag, 16. März

Heute, wenn wir die Berge überschritten haben, an deren Fuß wir gestern abend lagerten, kommen wir in die große Wüste Tih, eine nach Aussage unserer Kameltreiber unendliche Einöde, flach wie das Meer, mit ständigen Luftspiegelungen.

Über die Bewohner dieser Wüste lesen wir folgende Beschreibung von Isambert und Chauvet in ihrem Führer *Durch das peträische Arabien*:

»Die Araber der Wüste Tih zählen zu den wildesten und unzugänglichsten unter den Beduinen. Alle sind plünderungssüchtig, und ihre Raubzüge, die an die der Amalekiter erinnern, erstrecken sich bis in die syrische Wüste, bis in die Nähe von Palmyra.«

Die Amalekiter, denen die Hebräer so viele Schlachten lieferten, waren in der Tat die Vorfahren der wenigen Stämme, denen wir auf unserem Weg begegnen werden – und die ihnen vom Antlitz, von der Kleidung und vom Verhalten her noch ähneln, denn hier ist das unwandelbare

Land, der in seinen Träumen und seinem Staub ewige Orient.

Heute morgen müssen wir also den Gipfel der Kette des Dschebel-Tih erreichen, um auf der anderen Seite hinunter in die Wüste der Amalekiter zu gelangen.

Die Abhänge sind für unsere beladenen Kamele sehr steil, und die Abgründe unter uns werden immer tiefer.

Zu unserer großen Überraschung gibt es doch eine Art Straße, die sich zu den kahlen Gipfeln emporschlängelt; grobe, von Menschenhand aneinandergereihte Steine trennen uns von der Tiefe. Über einen ausgetrockneten Sturzbach führt sogar eine Brücke, ein einziger roher Steinbogen, gleichwohl recht unerwartet und unwahrscheinlich. In diesem Land, wo die ältesten Dinge sich besonders gut erhalten und die sehr wenigen neuen sogleich die aschgraue Patina der Vergangenheit annehmen, ist es ausgeschlossen, das Alter dieser Brücke zu bestimmen. War es Balduin I., König von Jerusalem, der sie errichten ließ, als er Aelana, das heutige wilde Akaba, einnahm – oder eher König Salomo, als er sich nach diesem Aelana begab, das auch Ezjon-Geber hieß, um dort die schöne Königin von Saba zu empfangen? Nein, dieser steinerne Bogen ist, wie es scheint, erst zwanzig oder dreißig Jahre alt. Die Araber unserer Tage haben beschlossen, die Brücke gleichzeitig mit diesem Anschein von Straße zu erbauen, denn hier ziehen die Pilger nach Mekka durch, die aus Westen oder Norden kommen, und ihre Karawanen konnten wirklich diese Berge nicht mehr überschreiten, die immer abschüssiger und unwegsamer wurden.

In den Schluchten, durch die wir hinaufsteigen, fehlt die grüne Natur völlig, aber Steine gibt es im Überfluß, eine große und düstere Darbietung geologischer Eigentümlichkeiten; wir passieren heute morgen fleischfarbenen Sandstein mit Pflanzenabdrücken wie beim kostbarsten Achat: auf allen frischen Bruchstellen zeichnet sich schwarzgefärbtes, zartes Blätterwerk von Farn oder Frauenhaar ab. Und das zu Tausenden; der geringste Felsbrocken unter den Füßen unserer Tiere ist mit solch feinen Pflanzensilhouetten geschmückt.

Wir nähern uns dem Gipfel. Hinter uns, entfaltet die arabische Wüstenlandschaft, wie aus der Vogelperspektive gesehen, ihre unendliche rosafarbene Ödnis, und zur Rechten verliert sich die Wüste von Petra, das düstere Bergland von Edom.

Der Himmel verschleiert sich jetzt, und gegen Mittag dehnt sich vor uns eine neue Unendlichkeit aus, tiefer und eintöniger als alles bislang Gesehene, ein hoch gelegenes Gebiet das fast die Gipfel streift, auf denen wir gerade angelangt sind, und das geheimnisvollen Wolken benachbart scheint; es gleicht einem Meer, das höher liegt als das Land ringsum und durch ein ruhiges Wetter zu ewiger Glätte erstarrt ist: die Wüste Tih, die Wüste der Amalekiter.

Auf dieser Hochebene, zu der wir nun gelangen, treffen wir auf Pfade, die durch die Jahrhunderte von Karawanen getreten worden sind und die sich zahllos wie Fäden eines Webstuhls in der Ferne verlieren. Sie teilen sich in zwei Bündel, von denen eines nach Westen und das andere nach Norden verläuft: das erste bezeichnet den Weg der Gläubigen aus Ägypten und dem Moghreb; das zweite, dem wir folgen, ist der Pilgerweg aus Palästina und Syrien.

Dieser ungeheure Knotenpunkt der Wüste, wo jährlich zwanzig- bis dreißigtausend Menschen auf dem Weg nach Mekka durchziehen, ist heute leer, leer bis zum Horizont, und ist in seiner trostlosen Größe und Nichtigkeit wie erstarrt unter dem sich verdunkelnden Himmel. Als Halteplatz unzähliger Menschen ist dieser Ort mit Gräbern bedeckt, eine Art kleiner Menhir aus groben Steinen, immer zwei nebeneinander – einer am Kopf, der andere zu Füßen –, Stätten also, wo sich fromme Pilger zur ewigen Ruhe gebettet haben.

Die vom weiten Raum erregten Kamele heben den Kopf, wittern den Wind, ändern ihre saumselige Gangart fast zu einem Laufen.

Dieser Raum, der sie lockt, ist schlammgrau; er ist so einheitlich, als wäre er von Riesenwalzen geebnet worden; soweit der Blick reicht, ist er gleichförmig und dunkel unter einem noch dunkleren Himmel. Er schimmert fast feucht, und doch ist diese ungeheure Fläche nur trockne, rissige Erde, tausendfach zersprungen wie Porzellan.

Entlang der Route bücken sich unsere Kameltreiber, um winzige türkisfarbene Steine aufzusammeln, die bei fast jedem Schritt auf dem grauen Untergrund glänzen: es sind nur kleine Stücke von den Perlen, die die Köpfe der Dromedare üblicherweise zieren. Seit alters nehmen die Karawanen dieselbe Richtung, und die Mode dieses Schmucks dürfte drei- bis viertausend Jahre zurückreichen; also können solche von uns aufgelesenen Glassplitter, die durch das viele Hin- und Herrollen abgeschliffen sind, ebenso gut von Salomos oder Moses Durchzug stammen. Wie einzigartig sind diese kleinen, blauen, fast ewigen Gebilde, die eines nach dem anderen in Zwischenräumen von mehreren Jahren herunterfielen und die mit der Zeit wie des Däumlings Brotkrumen den Verlauf endloser Straßen vorgeben.

Beim Vordringen in diese neue Wüste bleibt einem die Höhenlage bewußt, denn die Gipfel der Berge, die man hinter sich gelassen hat, tauchen am Horizont nur als unbedeutende Zackenkämme auf, die gegenwärtig schwarz sind unter dichtem Wolkenschatten.

Eine eigenartige Wölbung verdichtet sich allmählich über unseren Köpfen: dicht über uns schweben graue Watteflocken, so nah, daß man sie fast greifen könnte, wenn man sich nur ein wenig emporheben würde. Und man könnte sogar meinen, Hände hätten diese Watte zur Erde herabgezogen, um sie auf einem Rocken zu spinnen; hier und da sieht man Stücke von einem sehr viel dunkleren Grau, als hätten die Finger sie festgehalten und ineinander verdreht, und all das verursacht eine vage, unerklärliche Bangigkeit, wie jede unerwartete Erscheinung am Himmel.

Wir kommen jetzt gut voran; unsere jetzt sehr munteren Dromedare schreiten mit ihren schmalen Beinen weit aus und strecken ihren langen Vogelhals in den sehr viel kühleren Wind der Höhenlage. Durch einen Wolkenschlitz fällt von Zeit zu Zeit ein unverhoffter Sonnenstrahl auf uns, erzeugt für einen Augenblick bizarre Schatten, erlischt dann wieder, und läßt uns in einem noch trüberen Licht zurück.

In diesen Ebenen aus rissiger Erde, einheitlich wie gespannte Leinwand, nimmt man viel genauer die Schlankheit von Tier und Mensch wahr, die Wildheit der Silhouetten, das Archaische des Verhaltens und der Kleidung. Unsere neue Karawane schreitet voran, schreitet schneller voran, ist weniger schwerfällig als die alte, sie ist hier wie erleichtert, hier in ihrem eigentlichen Element, dem Raum, dem weiten Raum, dem immer gleichen Raum, wo der Blick sich verliert. Hagere Tiere, hagere Menschen, durch die Entbehrungen der Wüste schlank gewordene, aber gleichwohl muskulöse Glieder voll Kraft und Anmut; sehnige Beine, die laufen, immerfort laufen, trotz anhaltendem

Hunger; nackte Beine und Arme, die aus dem Burnus hervorkommen, um sich zu entspannen wie bronzefarbene Metallfedern; Gewehre und Messer, die mit trockenem Klang aneinanderstoßen; Troddeln aus schwarzer Wolle, die hin und her hüpfen und tanzen; geschlitzte Lederriemen, die schmale Hüften umschließen; Amulette und Gehänge …

Einen Augenblick Plauderei mit meinem neuen Kameltreiber:

– Ist es weit bis in dein Land? fragt er.

– Oh, ja, sehr weit.

– Ist es Beirut oder Cham (Damaskus)?

– Nein, noch viel weiter, auf der anderen Seite des großen Meers.

Schweigend denkt er nach, schließlich blickt er mich erstaunt an:

– Auf der anderen Seite des großen Meers? Aber wie kommt man über das Meer? Man kann nicht auf dem Meer gehen.

Der Beduine aus Petra hat nur das Meer von Akaba gesehen, auf dem nie Schiffe fahren. Ich versuche, es ihm begreiflich zu machen: schwimmende Bretter.

– Aber wie kommen diese Bretter vorwärts?

Es interessiert den ungläubigen Geist schon bald nicht mehr, und die vorherige Stille tritt wieder ein.

Rund um unsere Gruppen, die staffelförmig und wie verloren durch die Leere ziehen, geht nichts vor, nichts verändert sich und nichts ist vorhanden; ungezählt verstreichen die Stunden; wir verändern bloß unseren Platz in der unendlichen Weite.

Einmal taucht eine Viper auf, die sich über den glatten

Boden schlängelt; die Kameltreiber töten sie unter lautem Geschrei, und so herrscht für eine flüchtige Minute ein erstaunlicher Lärm, der aber sogleich wieder endet, versunken, vergessen ist in der großen Stille unseres schweigsamen, gleichförmigen Marsches.

Man wird dahingetragen wie auf hohen, leicht schwankenden Kähnen, die gemeinsam ein dunkles Meer ohne sichtbare Ufer überqueren.

Aber am Abend, als wir an einer beliebigen Stelle unser Lager aufschlagen, taucht irgendwo am flachen Horizont ein kleiner, von Flinten starrender Trupp auf.

Die Hand über die Augen haltend beobachtet Scheich Hassan sie argwöhnisch:

– Sie sind zu Fuß, sagt er, sie haben weder Kamele noch Zelte oder Frauen bei sich. Das sind *Wüstenräuber*!

29

Sie nähern sich jedoch mit harmloser Miene, und wir beobachten uns gegenseitig: halbnackt in ihren Lumpen sehen sie recht verdächtig aus; fast alle sind jung, gut gewachsen, trotz ihrer Magerkeit, von edler Haltung und Statur; aber sie haben Gesichter wie hungrige Wölfe, Blicke voller Grausamkeit und Leid. Es sind etwa dreißig Leute, und wir sind fünfundzwanzig; zudem verfügen wir über drei Repetiergewehre; das Kräfteverhältnis ist folglich mindestens ausgeglichen, und auch sie sind dieser Ansicht, denn sie gehen vorsichtig in einem Bogen um uns herum, grüßen, setzen sich auf den Boden und wollen hier anscheinend nächtigen.

Wir fragen sie:

– Was wollt ihr von uns?

– Oh, nichts! Wir fürchten uns bloß allein zu sein, wegen der herumstreichenden Räuber; deshalb wollen wir bis morgen früh in eurer Nähe bleiben.

Sie fürchten sich, allein zu sein! Sie, die gar nichts zu verlieren haben, sie sind sechsunddreißig und bis an die Zähne bewaffnet. Wir antworten mit einem Kriegsultimatum:

– Verlaßt uns auf der Stelle; wenn ihr bis Einbruch der Nacht nicht aus unserem Gesichtskreis verschwunden seid, schießen wir auf euch!

Sie zögern eine Minute, lachen höhnisch, doch dann erheben sie sich, raffen ihre paar am Boden bereits ausgebreiteten Habseligkeiten zusammen und ziehen ab wie begossene Pudel.

Sie tun uns leid; gern würden wir ihnen etwas zu essen hinterherschicken, obwohl es Räuber sind, aber wir haben selbst nichts übrig, denn unsere Leute aus Petra, unbesorgt wie Vögel, haben nur ein wenig Gerstenmehl fürs Brot der ersten Tage mitgebracht und kein Trinkwasser, und wir müssen sie bis nach Palästina mit allem versorgen.

Die düstere Wolkendecke, die den ganzen Tag über uns lag, hat sich etwas gehoben und vom westlichen Horizont gelöst, und die riesige und rot untergehende Sonne erscheint in dieser schmalen Öffnung, ganz tief, ganz dicht über der Erdoberfläche.

Inzwischen ist der kleine, von Flinten starrende Trupp schon in weiter Ferne; inzwischen winzig klein wie Pygmäen sind die Wüstenräuber bald in der flachen Unermeßlichkeit verschwunden. »Es ist nur eine List, heute nacht kommen sie zurück«, sagt Hassan, der ihnen hinterherblickt …

Schon ist die Sonne halb hinter der Wüste untergetaucht; man sieht nur noch die Hälfte der roten Scheibe wie an ruhigen Meeresabenden, aber ihre Strahlen sind noch kräftig genug, um unsere Schatten zu werfen, die wie lange, gleichlaufende Striche, wie endlose Streifen auf die Ebene fallen. Und eine große weiße Kamelstute, die allein unter der liegenden Karawane stehengeblieben ist, hebt sich mit ihren goldumsäumten Umrissen wie ein Riesentier vor dem erlöschenden Licht ab. Sie stößt einen langen, schwermütigen Schrei gegen die prächtig versinkende Sonne aus; in ihr regt sich vielleicht eine dumpfe Traurigkeit, eine unausdrückbare Nachdenklichkeit …

Dann wird es Nacht. Man erkennt nur noch den weiten schwarzen Kreis der Ebene, in deren Mitte unsere Wachtfeuer sich plötzlich zu knisternden Flammen entzünden.

Während wir unter dem Zelt zu Abend essen, sind die Wolken verdunstet, haben sich im Himmel verflüchtigt mit der diesen regenarmen Ländern eigenen Schnelligkeit.

Und der Halbmond des Ramadan gießt sein glänzendes und doch so seltsam geheimnisvolles Licht über die Wüste. Hoch oben am Zenit des schwarzblauen, nur mit leichten Flocken bewölkten Himmels stehend wirft er nur verschwindend kleine Schatten und läßt uns einander wie weiße, starre Gespenster erscheinen.

Zu dieser köstlichen Stunde, wo man plaudernd und träumend vor den Behausungen aus dünnem Stoff sitzt, bildet sich bei Kaffee und Zigaretten vor meinem Zelt eine Gruppe, die sich so wohl jeden Abend zusammenfinden wird; da ist der türkische Offizier, der uns begleitet, weiterhin der junge Scheich Hassan, sein Cousin Aït, der Scheich der Kameltreiber ist, und einer der fünf unbekannten Mitreisenden, der als Standesperson erschien und würdig, in unsere Runde Platz zu nehmen.

Da alle wüstenerfahren sind, ist man besorgt wegen der Herumtreiber und fürchtet einen Angriff in der kommenden Nacht. Wir beschließen daher, der Reihe nach zu wachen, die Waffen bereitzuhalten und in alle vier Himmelsrichtungen Vorposten aufzustellen.

Dann plaudern wir ein wenig und werden dadurch vertrauter.

Der türkische Offizier stammt aus Bagdad, er ist viel herumgekommen und hat sein Leben auf abgelegenen Militärposten verbracht.

Der unbekannte Mitreisende heißt Brahim und ist Scheich eines Stammes im Norden, der zahlreiche Herden besitzt, ein *Fürst von Kedar* (Ezechiel, 27, 21). Er verbrachte die letzten vier Jahre in Gefangenschaft bei einem noch mächtigeren Scheich im Süden, und zwar wegen Raub und Mord in dessen Herrschaftsbereich; jetzt kehrt er mit vier getreuen Dienern in sein Land zurück. Er ist ein graubärtiger alter Mann, dessen schmales, regelmäßiges, hartes Gesicht fast unter den Falten seiner Kopfbedeckung verschwindet.

Aït, ein Brudersohn Mohammed-Jahls – ein wunderbar fein geschnittenes Gesicht, porzellanweiße Zähne und über jedem Ohr drei Haarzöpfe nach alter Sitte – erzählt uns, daß er fünfundzwanzig Jahre alt, verheiratet und Vater von zwei kleinen Nomaden sei.

Scheich Hassan, der kaum zwanzig Jahre zählt, berichtet uns, daß er in erster Ehe mit Aïts Schwester, also seiner Cousine, verheiratet gewesen sei, sich aber habe scheiden lassen, weil sie ihm keine Kinder gebar; seine zweite Frau habe ihm vor kurzen ein Mädchen geschenkt ... Während wir plaudern, geht einer unserer Kameltreiber dicht an mir vorbei; er trägt an einem Riemen über der Brust ein Arsenal von Dingen, die im Mondlicht glänzen: Pulverhörner, Steinfeuerzeuge, Raucherbesteck für den Tschibuk, die lange türkische Tabakspfeife, kurz alles, was zu einem eleganten Beduinen gehört. Ich halte ihn an und schlage ihm vor, mir dieses Ensemble zu verkaufen; Hassan, der nicht weiß, welch noch größere Zuvorkommenheit er mir bieten kann, reißt es ihm herunter und überreicht es mir.

Ein Uhr in der Früh – wir schliefen ruhig inzwischen unter der weißen Mondespracht in der uns umgebenden Stille.

Plötzlich wird sie durch einen gellenden Schrei unterbrochen! Dann Schüsse: Peng! Peng! Peng! Peng! ... Und alsbald allgemeiner Lärm, Kriegsrufe, Wut- und Angstgeschrei, Fistelstimmen, die Todesdrohungen ausstoßen! ...

Ich hebe den Zeltvorhang an und sehe, daß unsere Beduinen wie toll, halbnackt, mit flatterndem Hemd in dieselbe Richtung laufen, fast wie ein Schwarm großer, durch Gewehrknall aufgeschreckter Vögel ... Obendrein ein unsinniges Verhalten, denn wir wissen nicht, auf wen wir schießen sollen, wir, die wir plötzlich aus dem Schlaf auffahren, aus den Zelten treten und vom Mondschein geblendet sind ...

Etwas entfernt sehen wir nur ein Getümmel, in dem man niemanden erkennen kann ... Wir bleiben lieber hier, plötzlich instinktiv zusammengeschweißt, um unser kostbares Gepäck zu bewachen und unsere drei Syrer um uns zu versammeln ...

Da hört schon die Schießerei auf, das Geschrei läßt nach und Ruhe kehrt ein. Und die kopflos voranstürmten, ziehen sich wieder in unser Lager zurück; die Aufregung hat keine drei Minuten gedauert ...

Jetzt sind sie alle wieder da, noch heftig erregt und durcheinanderschreiend.

– Was war denn los? fragen wir. Ist alles vorbei?

Die Wachen auf der Südseite haben Männer gesehen, die auf dem Boden kriechend sich dem Lager näherten, und kaum hätten sie Alarm geschlagen, sagen sie, hätten die Räuber auf sie geschossen. Jetzt aber seien die Räuber geflohen, als sie sahen, daß wir Stellung bezogen hatten, und man habe sie in der Ferne aus dem Blick verloren.

Mein Gott, so kann es gewesen sein! Aber vielleicht haben unsere Wachen auch geträumt – oder auf undeutliche Schatten geschossen, mehr aus Angst und weniger, um sich Anerkennung wegen eines tatsächlichen oder vorgeblichen Scharmützels zu ergattern. Die Wahrheit werden wir nie erfahren; nur eins war gewiß, niemand von uns ist verletzt; der einzige, der ein wenig blutend zurückkehrte, gibt zu, sich am eigenen Säbel geschnitten zu haben.

Da wir nach einiger Überlegung eher skeptisch geworden sind, legen wir unseren Beduinen nahe, beim nächsten Angriff nicht wieder blindlings auf den Feind zuzulaufen, denn dann würden wir mit unseren Schnellfeuergewehren aufs Geratewohl in den Menschenhaufen schießen.

Danach schlafen wir wieder sehr fest bis zum hellen Tag.

30

Samstag, 17. März

Dieselbe graue Watteschicht, die uns gestern umgab, hat sich bei Morgengrauen nach Untergang des Mondes erneut über uns gespannt; wir erwachen unter einem traurig düsteren Himmel.

Und wir setzen unseren Weg nach Norden fort, in dieser graugelben Wüste, die nichts anderes zu sein scheint als kahle Weite – kahle Weite in der einfachsten Form, die aber auch am meisten zum Laufen reizt. Der Wind, der fast kalt unter diesem grauen Leichentuch aus Wolken weht, regt das Leben an, und auch er drängt einen zur Bewegung, zur Schnelligkeit, und noch nie zuvor fühlten wir uns von Raum und Weite so sehr berauscht.

Die Wüste bleibt glatt und eintönig; in der Ferne jedoch, unter schweren, schleppenden Wolken zeichnen sich wellige Erhebungen ab wie die allererste Dünung auf ruhiger See.

Schuppige Eidechsen von der Farbe des Bodens und der Weite huschen alle Augenblicke unter den Füßen unserer Tiere über den Weg der Karawane.

Und hier und da sprießt eine kümmerliche, violette Pflanze, die Kamele so gern mögen; sobald sie sie erblickt haben, zerren sie mit einem leisen Schrei des Wohlbehagens an dem schwarzwollenen Zügel und strecken den gesenkten langen Hals zur Erde.

Heute morgen haben wir die Route der Pilger aus Syrien rechts liegen lassen, und nun gibt es am Boden keine Spur, keinen schmalen Pfad mehr, der uns leiten könnte.

Nach den ersten beiden Wegstunden wechselt die Weite ihre Farbe, und die vorher fahlgelbe Wüste dehnt sich nunmehr schwarz vor uns aus. Schon einmal hatten wir diese Färbung angetroffen, aber nicht so ausgeprägt, nicht so trauerfarben. Zuerst kommen wir in eine Zone des Übergangs, die mit großen schwarzen und gelben Streifen versehen ist; danach betreten wir das absolute Schwarz.

Dieses Schwarz ist aber nur auf der Oberfläche. Es ist eine unerklärliche Schicht von Kieselsteinen, die wie Onyx aussehen; als seien sie wie Hagelkörner vom Himmel gefallen; als seien sie gleichmäßig und sparsam auf dem Erdboden verteilt, um Meilen und Meilen damit bedecken zu können. Gleich darunter liegt Sand, und die Füße unserer Kamele, die diese dünne Kruste durchtreten, hinterlassen gelbe Spuren in der Wüste.

Der junge Scheich von Petra, der meinen Sattel nicht luxuriös genug fand, hat mir heute morgen den seinen gegeben, und jetzt fallen zu beiden Seiten meines Dromedars ein Dutzend langer Quasten herunter, schleifen fast am Boden, sobald sie nicht durch die rasche Vorwärtsbewegung oder den Wind angehoben werden.

Abdul, mein Kameltreiber, ist zu mir trotz seines wilden Aussehens zuvorkommend und sanftmütig, ist voller kindlicher Aufmerksamkeiten: er hebt mir die blauen Glasstückchen auf, die nach wie vor in der weiten Ebene verstreut liegen, oder bricht für mich die tristen Blumen des Weges ab.

Gegen zehn Uhr morgens, noch immer ohne Regen, zerteilen sich plötzlich die Wolken; in einem kurzen Augenblick schmilzt die tiefhängende, bedrohliche Wölbung dahin, und zwar auf allen Seiten gleichzeitig; und die Sonne erscheint sofort strahlend, sofort heiß; und der Wind, der sich in der Kleidung, auf der Brust so kalt verfing, wird zu einer wärmenden Liebkosung.

Und alsbald zeigt sich wieder Gestrüpp; nicht mehr das des Südens, nicht mehr die so sehr vermißte, köstliche Myrrhe, nicht die unbekannte Pflanze, die die Wüste nach reifen Äpfeln duften läßt, sondern Ginster und Josefskraut.

Scheich Brahim, der mich ebenfalls mit Aufmerksamkeiten überhäuft, läßt sein Dromedar vor mir niederknien und möchte unbedingt, daß ich es für heute besteige: »Ein wunderschönes Tier«, sagt er, von dem ich entzückt sein werde.

In der Tat ein kleines, schlankes Kamel, das ohne Erschütterungen trabt wie ein schnelles Pferd oder eine Gazelle. Statt des schweren Sattels liegt nur eine einfache mit Perlen und Muscheln verzierte Prunkdecke aus geschlitztem Leder auf seinem Rücken. Sobald ich es am Halsansatz mit meinem Lotusstock berühre, überholt es in leichtem Trab die Karawane wie ein abgeschossener Pfeil …

Bald holt mich der mir nachjagende junge Scheich Hassan ein, der vorgibt, sein Dromedar sei noch schneller und möchte, daß ich es probiere. Gern mache ich ihm diese Freude, und wir tauschen die Tiere und reiten dann nebeneinander her, weit voraus in der eintönigen Unendlichkeit und die langsamere Karawane aus den Augen verlierend.

Ein heißer Tag folgt auf den so düsteren Morgen. Die Sonne steigt am klaren, blauen Himmel, die flache Weite zittert vor Glut und scheint alle möglichen Trugbilder und Luftspiegelungen vorzubereiten …

– *Gaza*! *Gaza*! (Gazellen) ruft der Scheich Hassan, während wir über den trostlosen Ginster dahintraben …

In der Tat jagen sie wie ein Sandwirbel in unserer Gegenrichtung vorbei, die kleinen zierlichen Tiere, die behenden und flüchtigen Tiere … Aber die flimmernde Ferne verzerrt sehr rasch ihre Umrisse, läßt sie vor unseren in die Irre geführten Augen verschwinden.

Noch immer reiten wir weit voraus, bald trabend, bald innehaltend.

Gegen elf Uhr erscheint uns ein erster See als Trugbild, und wir täuschen uns alle beide: ein Wasser von solch schönem Blau, in dem sich Bäume zu spiegeln scheinen! Und dabei nichts weiter, als das langgezogene, vergrößerte Bild des kümmerlichen Wüstengestrüpps …

Bald darauf sehen wir überall diese verlockenden Wasserspiegel, die vor uns fliehen, sich verformen, sich verändern, überfließen, verschwunden sind oder wiederkehren: große Seen oder sich schlängelnde Flüsse oder einfache Teiche, in denen sich vermeintliches Schilf spiegelt …

Immer zahlreicher werden sie, wie ein Meer, das uns zu überfluten droht, ein beunruhigendes, zitterndes Meer …

Gegen Mittag jedoch verflüchtigt sich innerhalb von zwei oder drei Minuten dieses blaue Blendwerk, als habe es jemand weggeblasen. Nichts mehr als ausgedörrter Sand. Klar, deutlich, unerbittlich ist es wieder da, das Land des Durstes und des Todes.

Heute abend wollen wir einen Ort mit dem Namen Wadi Djerafeh für die Nacht aufsuchen, dort gibt es Wasser – wirkliches, sogar in der Wüste Tih gerühmtes Wasser –, weshalb wir sehr früh im Lager ankommen.

Kaum haben wir vor unseren bereits aufgestellten Zelten den Fuß auf den Boden gesetzt, ergreift der junge Scheich von Petra meine Hand und führt mich zu diesem kostbaren Wasser.

Ich hatte eine hübsche sprudelnde Quelle erwartet und

finde in Sand und Schlamm eine Pfütze von höchstens drei Meter Länge. Man hat schon Wasser für uns geschöpft; jetzt kommt die Reihe an unsere Kameltreiber und Kamele; alle waten hinein bis zu den Knien, und die Tiere, die gleichzeitig mit den Menschen trinken, lassen ihren nach Moschus riechenden Mist hineinfallen.

Um das Lager herum wachsen dank der nahen Wasserlache fast schon Büsche, dornige Akazien, weiß blühender Ginster, und das macht dies zu einem bevorzugten Ort für jeden Hinterhalt, nächtliche Überfälle und für die Ankunft von Dieben, die sich verstecken und vorsichtig heranskriechen können. Zudem ist es für uns ungewohnt, zwischen Sträuchern zu lagern und das Kommen und Gehen zwischen den Zelten und der Wasserstelle, an der die Schläuche gefüllt werden, zu beobachten. In diesem spärlichen Hain, in dieser weiten Wüstengegend, die gerade vom Abendlicht vergoldet wird, führen wir für einige Stunden ein echtes Hirtenleben, während über unseren Köpfen unentschlossen eine große schwarze Wolke von Zugvögeln kreist, die zweifellos mit dem Frühling nach Norden ziehen werden und die zum Trinken am Wadi Djerafeh niedergehen wollten, wären wir ihnen nicht zuvorgekommen.

Bei Sonnenuntergang sucht Leo mich auf, um mir reumütig zu bekennen, daß er eine arme Eule dort hinten im Buschwerk nahe der Wasserlache getötet hat. Nun muß zunächst gesagt werden, daß wir gemeinsam eine besondere Zuneigung den Eulen und den Uhus gegenüber teilen; weiterhin ist es uns immer ein Beweis von niedriger und roher Gesinnung gewesen, nur zum Spaß zu töten, und die Bourgeois des Westens, die ohne jede Not oder Gefahr sich damit *un-*

terhalten, Spatzen oder Wachteln umzubringen, finden keine Entschuldigung in unseren Augen …

Aber er war eben ein wenig unaufmerksam gewesen. Die Araber zeigten ihm in der Ferne diesen Vogel, sagten: »Schieß!« Und unbesonnen, ohne den gefiederten Freund zu erkennen, vielleicht auch um die Treffgenauigkeit seines Gewehres zu zeigen, schoß er …

– Wenn wir sie begraben würden, schlägt er vor, wäre es immerhin besser.

Auf dem Sand neben dem Wasser liegt die arme Eule: ein prächtiges, noch ganz junges Tier mit schönem Gefieder, sie ist noch warm, und die großen gelben, offengebliebenen Augen sehen uns mit der intelligenten Wehmut einer Katze an.

Also höhlen wir ein kleines Grab in den Sand.

Als sie auf dem Rücken eingebettet liegt, umschließen die Flügel ihren Körper wie eine Mönchskutte; nach wie vor sieht sie uns starr und unverwandt an, mit einem vorwurfsvollen, erstaunten Ausdruck, der uns schmerzt.

Auf die gelben Augen, die man nie wieder erblicken wird, auf die schönen glatten Federn, die nun verfaulen werden, werfen wir zuerst Sand; dann rollen wir einen schweren Stein darauf, um dieser Stätte die Ruhe zu sichern …

Sie sind recht kindisch, ich gestehe es, diese beiden Beduinen, die zur Stunde, da die große goldene Sonne in der Einsamkeit der Wüste Tih untergeht und erlischt, so pietätvoll eine Eule begraben …

Abends beim Mondschein, da Hassan für die Nacht einen Angriff befürchtet, treffen wir unsere Vorkehrungen, verteilen mit Unterstützung des türkischen Offiziers unsere

Beduinen auf die Posten und richten aus drei Kisten einen Unterstand her. Im Grunde glaube ich, brennen wir alle vor Begierde, angegriffen zu werden; das Scheingefecht, das Kriegsgeschrei der vergangenen Nacht in unendlicher Weite ist ein unvergeßliches und seltenes Erlebnis gewesen.

Dann kommt die friedliche Stunde vor den Zelten, in der die Scheichs Hassan, Aït und Brahim sich gravitätisch im Kreis zu uns setzen, um vor dem Schlafengehen im weißen Licht des Mondes zu plaudern und zu rauchen. Sie erzählen uns mit der größten Gelassenheit der Welt von den Abenteuern ihrer Raubzüge und Plünderungen – und wir hören ebenso gelassen zu, so sehr ändern die Breitengrade die menschlichen Ansichten ... Doch plötzlich dringt zu uns aus Richtung der Lache, wo die Eule geschossen wurde, ein leises Huh! Huh!, ein überaus sanfter und klagender Ruf ...

– Ach, meint Leo, das fehlte noch, die *andere* ruft sie jetzt.

Die *andere*, man begreift, was wir unter der *anderen* verstehen; die *andere* ist das Weibchen oder Männchen. Die Vögel sind immer paarweise zusammen. Wahrscheinlich das einzige Paar in meilenweitem Umkreis, und zweifellos hatten sie diese kümmerlichen Sträucher am Rand der Wasserstelle gewählt, um sich am Abend zu vereinigen.

Und die *andere* ruft noch immer: Huh! Huh! Wir sehen wieder den vorwurfsvollen Blick der beiden gelben, im Sand vergrabenen Augen, und wir vergessen die Räubergeschichten, die uns fesselten, das herbeigewünschte Scharmützel, alles, was uns unterhalten hat, als sich uns das Herz zusammenzieht beim klagenden Ruf eines einsamen Vogels ...

31

Sonntag, 18. März (Palmsonntag)

Kein Angriff heute nacht, nein; aber unsere Kamele hatten einen unruhigen Schlaf. Und heute morgen finden wir bei Tageslicht im Sand rund um unser Lager zahlreiche und ganz frische Spuren dieser Herumtreiber, die sie beunruhigten; es sind die von Leoparden.

Wir brechen auf. Wieder die kahle Wüste, der Kreisbogen des Nichts, so gleichförmig wie ein Meer ohne Schiffe und Ufer, der sich dunkelgrau vom blassen, klaren Himmel abhebt. Und noch immer diese unerklärliche dünne Schicht schwarzer Kiesel, als hätte es hier kleine Onyxsteine gehagelt.

Die Karawane zieht heute morgen still dahin, wie in Gedanken versunken angesichts dieser Fortdauer einer vollkommenen Leere.

Ganz allmählich jedoch, in dem Maß, wie die Sonne hochsteigt, erwärmt sich die Wüste, wird der Horizont immer unschärfer; dann verschwimmt er ganz, und Schleier wie aus weißem Musselin oder moirierter Gaze, die den Luftspiegelungen vorausgehen, fangen an, an mehreren Seiten gleichzeitig zu zittern.

Dort hinten bewegt sich eine Herde großer, weißer, langhalsiger Tiere – weiße Kamele! –, aber in ungeheurer Menge. Sie schreiten langsam dahin im plötzlich blendenden und zugleich verschwommenen Licht; sie scheinen zu weiden … Doch wir trauen unseren Augen nicht mehr, denn wir wissen, daß in der Wüste zur Stunde der Luftspiegelungen die Größenverhältnisse nicht stimmen.

Ach, eines der Kamele breitet große Flügel aus und fliegt davon, dann zwei, dann drei, dann alle … Störche! Es war eine Ansammlung zahlloser Störche, die bei unserem Nahen auffliegen; sie erheben sich in Scharen, hinzu kommen andere aus der Ferne, die wir nicht bemerkt hatten; sie kreisen umher, verdunkeln den Himmel, und wir erkennen die Wolke von gestern abend wieder.

Zweifellos alle Störche Europas, die mit dem Frühling zu ihren Nestern zurückkehren.

Als sie verschwunden sind, sehen wir nur noch die leblose weite Leere.

Zur Abwechslung gibt es jetzt kleine Erhebungen wie Wellen bei schönem Wetter, die über die Meeresfläche laufen; graue, sehr niedrige, endlos lange Hügel, entweder parallel oder sich in Adern verzweigend, besonders hervorgehoben durch eine braune oder violette Färbung auf ihrem höchsten Kamm, gleich den dunkleren Haaren auf dem Rückgrat von Tieren.

Zehn Uhr, zehn Uhr dreißig, ungefähr um diese Zeit hatten sich gestern die kleinen verwunschenen Seen gezeigt. Schon tauchen welche auf, zweifellos Vorboten eines noch gewaltigeren Trugbilds, und sie wirken so frisch und so azurblau! Und jeden Augenblick scheinen sie über die Ufer zu treten und uns zu überschwemmen; aber im Gegenteil, wenn man sich nähert ... zack! nichts mehr: aufgesogen vom dürren Sand oder zusammengefaltet wie ein blaues Tuch, rasch und lautlos verschwunden wie Hirngespinste, die sie ja sind.

Es kamen aber midianitische Kaufleute vorüber ...
1. Buch Mose, 37,28

Um Mittag erblicken wir an einer mit etlichen Büschen bewachsenen Stelle viele Menschen und Kamele, diesmal wirkliche.

Diese Unbekannten kommen auf uns zu: lange Kleider, meist rosa oder blau; schöne Gesichter, weißer und voller als die unserer Beduinen; darunter zahlreiche blonde Bärte. Man begrüßt sich mit dem üblichen Zeremoniell, indem man sich zu zweit mit dem Turban berührt und einen Kuß ins Leere schickt.

Es sind arabische Kaufleute, die vor sieben Tagen Gaza verlassen hatten, wohin wir wollen, und die zur Oase Akaba reisen, woher wir kommen. Sie legen diesen Weg jährlich einmal zurück, um die Wüstenstämme mit Kleidern und Burnussen zu versorgen. Nichts hat sich hier seit der Zeit der Midianiter verändert. Die Kaufleute sind zahlreich und gut bewaffnet, ihre Kamele sind hoch mit Waren beladen, und wir begegnen ihnen im rechten Augenblick, denn wir müssen uns neue Kleidung zum Wechseln kaufen. In der strahlenden Mittagssonne packen sie auf den glitzernden Kieselsteinen Beduinenhemden mit langen Ärmeln, weiße und schwarze Mäntel aus.

Nachdem unsere Einkäufe gemacht sind, trennen wir uns wieder mit den besten Glückwünschen für die Reise und ziehen in entgegengesetzter Richtung weiter, und nach und nach verformen sich die Umrisse; schon bald erscheinen uns ihre Kamele in der Mitte halbiert, und sie selbst, bald länger, bald kürzer geworden, scheinen manchmal zwei Köpfe zu haben, wie die Bilder der Könige oder Königinnen auf Spielkarten.

Nach den kleinen Hügeln wieder Ebenen; nach den glatten Ebenen kleine wellige Hügel; Einöde auf Einöde, und wenn wir im Geist alle Bilder der vergangenen Tage mit denen, die noch kommen werden, zusammenfügen, ergreift uns eine unbestimmte Angst.

Wir bleiben für die Nacht an einem einzigartigen Ort, eine Art Kessel, ein Krater, der tiefer liegt als die seit drei Tagen durchschrittene Ebene.

Die Wände dieses weiten Schlundes haben Falten und Kniffe wie ein über Pfähle gezogenes Tuch; sie haben genau dieselbe Farbe und dieselben gestreiften Zeichnungen wie die in der Wüste gefertigten Gewebe aus Kamelhaar; man könnte meinen, um uns herum seien Lager von riesigen Beduinen mit Riesenzelten in zwei oder drei Stockwerken übereinander.

Als die Sonne untergeht, nehmen all diese, wie gefaltete Stoffe aussehenden Berge eine dunkle Färbung an, grünlichgelb mit warmen braunen Streifen, und das Ganze hebt sich mit greller Deutlichkeit, wie mit der Schere ausgeschnitten, vom düsteren, rotweinfarbenen Himmel ab, der wie ein gewaltiger, durchleuchteter Rubin erscheint. Dann geht der Mond des Ramadan in diesem ins Violette spielenden, kalten Rosa auf, der große Vollmond, der zunächst wie eine Zinnscheibe dicht über der Erde zu stehen scheint. All das zusammen wird zunehmend unheimlich und erschrekkend: man glaubt sich in ein Weltzeitalter versetzt, wo ein toter Trabant über einem toten Planeten aufgeht.

Es wird Nacht. Ein großer Leuchtkäfer vom Ausmaß einer Fledermaus umkreist brummend unsere Zelte, führt mit großer Geschwindigkeit sein grün phosphoreszierendes Leuchtfeuer wie ein Irrlicht spazieren.

Die große, in der Luft schwebende Zinnscheibe wird zu poliertem Silber, dann zu weißem Feuer, das immer stärker leuchtet und der reglosen Karawane die Starrheit von Statuen verleiht, das die Menschen in ihrer ruhenden Haltung fixiert und versteinert, während im Westen, obgleich es

Nacht geworden ist, noch lange ein Rest Tageslicht wie ein rosafarbener Hof fortdauert. Er leuchtet, dieser Mond, er leuchtet wie eine zweite Sonne – eine gespenstische Sonne, die gleichzeitig mit dem Licht Kälte ausschickt, mit ihren Strahlen die Ruhe des Todes verbreitet; aber sein bleicher Glanz läßt sogar unsere hellen Feuer erblassen, und als die in ihre althergebrachten Tücher gehüllten Scheichs sich langsam meinem Zelt zur abendlichen Plauderei nähern, könnte man meinen, es kämen Propheten aus Marmor wie ein magisches Blendwerk auf einen zu.

32

Montag, 19. März

Um den Kessel, in dem wir geschlafen haben, zu verlassen, steigen wir nach Abbruch des Lagers auf eines jener Gebilde hinauf, die uns in Gestalt übergroßer Zelte umgaben. Wie ein zu Eis erstarrtes Panorama tun sich nun neue, endlose Wüstenlandschaften auf, während die Morgensonne unsere langen, schmalen Schatten über das Saatfeld schwarzer Kieselsteine wirft.

Hier und da auf den neuen Ebenen stehen wieder diese zeltähnlichen Gebilde; aber jetzt stehen sie einzeln, teils ragen sie wie spitze Kegel auf, teils haben sie ungewöhnliche Hörner, als wäre der Stoff innen von Pfählen angehoben und straff gespannt worden; und stets sind sie mit den braunen Streifen nach Art der Beduinengewebe verziert.

Langsam verschwinden sie hinter uns, die eigenartigen Hügel, und wiederum vereinfachen sich die Ebenen und werden nur noch kahler Raum, wo das Auge nichts zu entdecken vermag.

Zehn Uhr, die Stunde, in der die Luftspiegelungen einsetzen. Und schon lockt uns ein frischer kleiner Fluß, geheimnisvoll, verführerisch mit seinen im flachen Wasser sich spiegelnden Bäumen. Dann fangen nah und fern die reizenden, trügerischen Seen an zu spielen, falten sich zusammen oder dehnen sich aus. Aber inzwischen lassen wir uns davon nicht mehr täuschen.

Gegen Mittag kommen wir an einem großen Nomadenlager vorüber. Etwas weiter entfernt, seitwärts von unserer Karawane lassen wir dessen Zelte liegen; im kleinen gleichen sie den Hügeln von heute vormittag, die inzwischen hinter uns verschwunden sind: dieselbe Form, dieselbe Farbe und dieselbe gestreifte Zeichnung. Zu dieser drückend heißen Stunde läßt sich niemand sehen, aber ringsum weidet eine große Herde Kamele, und Wachhunde melden uns durch langes Bellen an.

In der großen Lichtfülle des frühen Nachmittags zieht eine Fläche mit Ginster vorüber; die Sträucher sind über und über mit Blüten bedeckt, die grauweiß, leuchtend weiß oder fast metallisch glänzend sind.

In diesem kleinen, ganz silbrigen Hain reitet der junge Scheich von Petra voraus, weil er Streit mit seinem störrischen Kamel hat; das junge nervöse Tier wehrt sich, springt wie eine tolle Ziege, verdreht seinen Schwanenhals, wendet sein fletschendes Gebiß nach hinten, um laut brüllend zuzubeißen, endlich ist es von seinem Reiter besiegt: nun sprengen sie im Gazellengalopp durch den Ginster, streifen die silbernen Sträucher mit all den Fransen, Gehängen und schwarzen Quasten; elegante und schlanke Silhouetten, die am Horizont der Wüste dahinfliegen ...

Am Abend lagern wir an einem Ort mit den Namen Wadi Lussein, wo es etwas Grün gibt.

Und hier bekommen wir den scheußlichen Besuch unzähliger grauer, langhaariger Raupen, die in dichten Reihen langsam und unaufhörlich heranrücken.

33

Dienstag, 20. März

In der Schlucht von Wadi Lussein schliefen unsere Kamele wieder recht unruhig; manchmal standen sie schreiend auf, wahrscheinlich schlichen wieder Leoparden herum. Aber unsere Feuer brannten hell die ganze Nacht über, um die bösen Gäste fernzuhalten.

Bei aufgehender Sonne nehmen wir wieder den endlosen Weg nach Norden auf. Das Licht ist belanglos, die Gegend öde und langweilig. In den ersten Stunden ist es, als hätten wir von der Wüste genug oder als habe die Wüste genug davon, ihren stillen Zauber für uns zu entfalten. Aber am äußersten Ende der Hochebene, über die wir reiten, erscheinen plötzlich völlig neue Regionen in unendlicher Ausdehnung bis zu den ersten Ausläufern des Moabiter Landes, und die Fernsicht ist so klar, daß wir die fernsten Dinge unterscheiden können: hell leuchtende Wüstenlandschaften aus fahlem Sand von einer für unsere Augen ungewohnten Farbe. Öde, ebenfalls fahle Hügelketten, die einander wie Reihen von Wirbelknochen folgen, durchschneiden diese Gebiete; bei näherer Betrachtung haben sie das gleiche Aussehen wie die Zelte, die uns gestern aufgefallen waren; sie haben Hörner, Spitzen und dieselben Streifen verblaßter Beduinenstoffe oder sonnengebleichter Leopardenflecken.

Die Leere und die Weite waren uns noch nicht in dieser Gestalt erschienen, nicht in solchem Weiß; und wir sind weit entfernt von den rosafarbenen Granitfelsen, wo die Myrrhe blühte. Hier besteht die Wüste aus ewig gleichem, hartnäckig weißlichem Kalkgestein, das die Jahrhunderte kaum haben vergolden können; auf den grell leuchtenden Ebenen gedeihen nur einige wenige Ginstersträucher, sie sind aber mit weißen oder grauen Blüten derart bedeckt, daß man meinen könnte, Garben aus Zinn oder Silber vor sich zu sehen.

Und plötzlich zittert vor uns ein großer hellblauer See, Wellen schlagen bis ans Ufer, und er dehnt sich aus und zieht sich wieder zusammen über die ganze westliche Seite dieser abgestorbenen Welt.

Die Hitze ist drückend und einschläfernd, und bei dem eintönigen Wiegeschritt fallen uns die Augen zu.

»Sind die Kamele vorbeigekommen?« Diese Frage wird täglich im Halbschlaf auf dem brennend heißen Boden nach der Mittagsruhe gestellt. Es soll heißen: »Ist unser Gepäck auf den Lasttieren und alles, was uns während des Vormittags nachfolgt, um bei der großen Rast wieder zu uns zu stoßen und bis zum Abend uns dann voranzuziehen, schon vorbei? Ist es Zeit für uns, wieder aufzusteigen und weiterzureiten?«

– Ja, seit einer halben oder einer ganzen Stunde«, antwortet eine Beduinenstimme von irgendwoher.

– Also weiter! Bringt die Dromedare her! (*I allah, djib djimmel*!)

Fast noch im Traum streckt man sich und erwacht. Der geblendete Blick nimmt als erstes unser Zelt mit den bunten Farben wahr, die weißen, arabischen Inschriften auf rotem Grund, die persischen Teppiche, und draußen, durch die breite Zeltöffnung, das Flimmern des Sands und der Kieselsteine sowie die Silhouette eines in der Sonne ruhenden Kamels.

Etwas entfernt weiden sie, die Dromedare, verstreut in der heißen Einöde. Da sie zur Rückkehr gezwungen werden und sich niederknien sollen, beklagen sie sich mit diesen häßlichen, hohlen Schreien, die uns die gewohntesten Lebenslaute der Wüste geworden sind.

Sitzt man einmal auf dem großen Tier, das sich in zwei Schüben erhebt, verspürt man zunächst eine gewisse Kühle, weil man höher ist, sich weiter weg von der überhitzten Erde befindet; man hält in der Ebene Ausschau nach der einzuschlagenden Richtung, und erneut geht es weiter, immer weiter in die monotone Unendlichkeit.

Außer dem heutigen benötigen wir noch drei weitere Tage, um bis nach Gaza zu gelangen, der in die Ödnis des Südens vorgerücktesten Stadt Palästinas, und unsere Araber sagen, daß die Wüste schon weniger Wüste, daß bereits in den Falten der Täler hier und da Wasser zu finden sei und folglich auch Herden und Menschen.

Gegen zwei Uhr, sehr weit entfernt, an der Flanke einer der fahlen, stoffartig gestreiften Hügelketten, zeichnet sich eine Reihe langer, schwarzer Gebilde ab, die am Boden haften wie angeklebte Tiere; man könnte denken, es sei die wundersame Vergrößerung der Raupen des Wadi Lussein. Ein mächtiger Stamm lagert dort, einer dieser »an Herden reichen« Stämme, von denen die Propheten sprechen.

Die wegen des Windes sehr niedrigen Zelte stehen in drei bis vier langen, ausgerichteten Reihen, viel Raum beanspruchend, der hier keinen Wert hat. Herden ohne Zahl weiden rundherum; viele Kamelstuten säugen possierliche, noch nicht geschorene Neugeborene, die mit langer Schafswolle bedeckt sind und wie eine Mischung aus Lamm und Strauß aussehen. Schwarze Ziegen, schwarz wie gelacktes Ebenholz oder Pechkohle, stehen zu Hunderten zusammen, bilden überall dunkle Massen, grelle Flecken in der weißen Wüste. Die Hirten tauschen Begrüßungen und Kußhände mit uns aus. Die ängstlichen Hirtenfrauen verhüllen sich bei unserem Nahen noch undurchdringlicher, Gespenster genauso schwarz wie die Ziegen, die sie führen; fast bei jeder steht ein kleiner Esel mit Körben beladen, aus denen ein Durcheinander von kleinen Köpfen herausschaut: Amalekitersäuglinge mit Puppenaugen, kleine Hunde oder langohrige Zicklein, die gerade geboren worden sind.

Es ist der Stamm von Scheich Brahim, der uns hier mit großem Dankeschön verläßt, ohne uns jedoch einzuladen, in seinem Zelt eine Rast einzulegen, wahrscheinlich ist er besorgt, was er nach so langer Gefangenschaft dort vorfinden wird.

Nachdem wir die Wüste Paran verlassen haben, betreten wir das Land Kedar, das schon in biblischen Zeiten so berüchtigt war, daß die Propheten in ihrem Zorn auf die Sünden Israels ausriefen: »Schickt nach Kedar und seht ob dort je dergleichen geschehen ist?« (Jeremia, 2,10) Die Jahrhunderte sind verflossen, und Kedar ist ein dunkles Gebiet der Räuberei und der Verbrechen geblieben ...

Das weite Land wird danach wieder leer und unbewohnt bis zum Abend. Wir lagern an einem noch sehr wüstenhaften Ort, Wadi Zaïzire genannt, in einem Talgrund nahe einer salzig schmeckenden Quelle, die aus dem Sand entspringt.

Die Hügel haben hier bereits einen Anflug von Grün,

wie wir ihn im peträischen Arabien bislang nicht angetroffen haben; der Graswuchs beginnt; die trostlose Wüstenlandschaft hat bald ein Ende. Um uns wachsen Gräser, Schilf und ein paar Blumen. Miniaturblumen zwar, aber sie gehören fast in unser Klima; kleine Iris, die kaum zwei Zoll über der Erde stehen, gelbe, rot gefleckte Tulpen, ungefähr von der Größe eines Fingernagels, liliputanische Levkojen und winzig kleine Nelken. Gleichzeitig ist der Himmel nordischer geworden; der Mond, unter Dunst verblaßt, hat einen Hof; langgestreckte Wolken, Katzenschwänzen ähnlich, ziehen über den Himmel, und der Horizont ist dunkel; die Nacht sinkt schwermütig und verschleiert auf diese begrünte Landschaft herab.

Unsere Beduinen, die die nahende Kühle einer feuchteren Gegend spüren, ziehen ihre Kleidung aus langhaarigen Fellen über und bedecken sich Kopf und Hals, wie sie es in den Winternächten gewohnt sind, mit einem braunen Tuch, dessen beide Enden auf jeder Seite an der Schläfe wie die Löffel eines Hasen emporstehen.

Unter all den mikroskopischen Blümchen wächst hier auch eine Riesenblume, die wie ein gelber Spinnrocken aussieht, die blätterlos aus einer zwiebelartigen Wurzel sprießt.

Scheich Aït, im Dämmerlicht umherschlendernd, pflückt die größte von allen, um sie mir zu bringen. Wie die anderen hat er sich seinen Umhang aus Ziegenfell übergeworfen und seine nächtliche Kopfbedeckung mit den Hasenlöffeln angelegt; er lächelt und zeigt seine schneeweißen Zähne, schmal und spitz wie Wolfszähne; mit den Haarflechten, die in sein wildes Gesicht fallen, steht er befremdlich und wie unwirklich in meinem Zelteingang, in der Hand die große, unbekannte Blume.

Heute abend halten wir die Plauderstunde beim Schrei der Eule ab; geheimnisvolle Huh! Huh! dringen überall aus den dunklen Büschen, aus dem schwarzen Talgrund; die Hügel verschmelzen mit den Wolken und bilden rundherum Vorhänge undurchschaubarer Finsternis. Unsere auflodernden Feuer verdichten die plötzlich eingebrochene Nacht noch mehr; man erkennt nur noch die schweigend um die hellen Flammen gekauerten Männer in den Fellmänteln und mit den langen Hasenohren.

34

Mittwoch, 21. März

Wie verändert ist schon die Atmosphäre! Es ist nicht mehr diese scharfe und austrocknende Luft, die unverbraucht über eine leblose Welt ganz aus Stein und Sand strich. Nein, da ist vielleicht etwas weniger Rauhes, aber bei weitem nicht so Reines, bei dem man ein wenig von der Schwere des Frühlings und vom Hauch der Wiesen verspürt.

Allerdings begegnen wir außer einem Gazellenrudel, das am Morgen zu unserer Rechten vorüberjagt, während der acht bis zehn Stunden unseres Marsches nichts Lebendigem. Es ist noch unbewohntes Gebiet, aber nicht mehr die tiefe, tönende Wüste.

Vorbei sind auch die Lichtspiele, die Luftspiegelungen. Vorbei auch die geologischen Eigentümlichkeiten: die Hügel haben wieder gewöhnliche Formen und bekannte Färbungen, unter denen das Grün bald vorherrschen wird.

Der Himmel ist getrübt von Wasserdunst, die Luft ist weich und der Horizont nebelig. Mehr und mehr breitet sich Gras aus; von Stunde zu Stunde finden wir es dichter, und am Abend sind alle Hügel grün.

Zweifellos ist alles nur für kurze Zeit, ein vom Märzregen flüchtig übergeworfenes Gewand, das die Sonne bald versengen wird; aber das ist einerlei, der Lenz, der dort hinten in der Wüste untätig war, bearbeitet hier kräftig die Erde, und wir selbst unterliegen seinem unerwarteten Zauber.

Heute nacht lagern wir in einer weiten, noch nicht eingegrenzten Wiesenlandschaft ohne jede menschliche Spur, aber sie ist frisch und durchwirkt mit Blumen, mit Mohn und Margeriten.

35

Donnerstag, 22. März

Schwüles Wetter, schwerer, grauer Himmel.

Der Aufbruch in der blühenden Wiesenlandschaft erinnert uns an die früheren Ritte zwischen Mekines und Tanger; noch sind es nicht die so herrlich bunten marokkanischen Felder, aber doch schon Teppiche mit Anemonen, rosa Silenen, weißen Gänseblümchen, violetten Iris und goldgelben Ringelblumen.

Bald werden wir in Kanaan sein, dem »gelobten Land, wo Milch und Honig fließen«, statt in diesen hell glänzenden Einöden, aus denen wir gekommen sind, die kaum die hageren und räuberischen Beduinen ernähren können.

Gegen Mittag begegnen wir in einem wie ein Garten blühenden Tal einem erbarmungswürdigen, kranken Kamel, das neben einem anderen, bereits toten, sitzt, dessen Flanken von Raubtieren schon ausgeweidet sind. Irgendeine Karawane wird es hier einsam zurückgelassen haben, damit es stirbt; es bemüht sich, aufzustehen und uns zu folgen, aber schon nach wenigen Schritten fällt es wieder zu Boden, erschöpft und am Ende seiner Kräfte legt es den Kopf ins Gras.

Alles scheint sanfter zu werden, das Licht, die Formen, die Farben. Die Hügel sind nicht mehr jäh durchschnitten, sondern runden sich unter ihrem leichten grünen Mantel; Nebelschwaden ziehen in der Ferne auf und schwächen die Farben ab; die gesamte Beleuchtung der Erde scheint verändert und gemildert.

Die Herrlichkeiten der Mittagsstunden und der Abende entfalten sich nur in Gegenden, wo die Luft, für die Pflanzen zwar tödlich, frei ist von Wasserdunst und ebenso durchsichtig wie der Raum zwischen den Sternen. Unsere Erinnerungen an die entschwundene Wüste gleichen jetzt jenen, die man nach einem Schauspiel von fast erschreckender Magie bewahrt, wenn man wieder Fuß gefaßt hätte in der Wirklichkeit des Lebens.

Das Grün, das frische Grün tritt immer stärker hervor. Die Affodillen, die wir vorgestern zum erstenmal bemerkten, anfangs sehr klein und kümmerlich, werden länger und immer schöner; es gibt jetzt auch wunderbar violette Iris der großen Art sowie Aronstab mit schwarzen Blüten, die samtenen Tüten gleichen. Schildkröten kriechen über den Erdboden, Wachteln verschwinden im hohen Gras; fröhliche Lerchen schweben am Himmel, und die Luft ist voller Vogelgesang. Das Leben wächst und wächst überall gleichzeitig, umgibt uns, überwältigt uns, nimmt uns auf, uns, die wir aus dem fremden Land des Todes kommen.

Am Abend treffen wir auf die ersten von Menschenhand eingesäten Felder, gepflügte Gerstenfelder von viel herrlicherem Grün als alle bisherigen Wiesen.

Und nach Aufbau des Lagers kommen Araber, Hirten oder Ackersleute, deren Zelte in der Nachbarschaft stehen, um uns zutraulich zu begrüßen und sich um unsere Feuer zu setzen.

36

Freitag, 22. März

Karfreitag. Bei Lerchengesang erwachen wir zwischen Gras und Blumen in der weiten grünen Ebene unter einem Himmel, der mit einem perlgrauen Schleier überzogen ist, dessen Falten zur Erde herabhängen und aus denen sehr bald leichter Regen sprühen wird.

Noch heute werden wir Palästina betreten, am Jahrestag der Kreuzigung des Erlösers vor bald zweitausend Jahren, den die Welt wohl nie begreifen wird ... Aber die Erinnerung an ihn genügt, um diesem Land, wohin er uns ruft, einen unsagbaren Reiz zu verleihen ...

Regen, Gras, nasses Gras – wir hatten die Vertrautheit mit diesen Dingen schon lange verloren!

Dann hören wir Frauenstimmen, ein Ton, den wir gleichfalls vergessen hatten: drei Beduinenfrauen, rittlings auf Eselinnen sitzend, reiten lachend und längst nicht mehr so wild wie die Frauen der wirklichen Wüste durch das Zeltlager. Wenn sie, um uns besser zu sehen, ihre dunkelblauen, mit Regentropfen bestäubten Schleier lüften, meint man, es seien Reliquien: ihre Gesichter sind unter Korallen- und Silbernetzen versteckt, durch die sie uns betrachten und die in glänzenden Gehängen bis zur Brust reichen …

Unterwegs auf richtigen, von Tulpen, Anemonen und Affodillen gesäumten Pfaden, mitten in Gerstenfeldern, die bald alle Ebenen mit ihrem herrlichen Samt bedecken.

Nachmittags stoßen wir in der einer Spalte dieses flachen Lands auf einen klaren, schnell fließenden Fluß. Wir durchwaten ihn, und am anderen Ufer sind wir in Palästina!

Mit uns waten Fellachenfrauen durchs Wasser, dunkelblau verhüllte Hirtinnen von anmutiger Gestalt, mit Amphoren mit auf dem Kopf; und Schafe und Ziegen, Kühe mit vollen Eutern und Kälber zu Hunderten. Überfluß und friedliches Hirtenleben; nach der Wüste, das Gelobte Land.

Lange noch durch die samtartige Gerste geritten. Kein Baum, keine Sträucher weit und breit, nur eine endlose Getreidefläche.

Und die Felder bevölkern sich immer mehr; überall sind Ackersleute im Burnus dabei, den fruchtbaren, fetten von unendlich vielen Furchen durchzogenen Boden zu bearbeiten. Man glaubt sich in der Beauce oder in einigen Gegenden der Normandie; nur statt der Dörfer gibt es arabische Lager: fellbedeckte, auf dem feuchten Gras in einer Reihe aufgerichtete Zelte, die in der sattgrünen Ferne wie eine Prozession großer, schwärzlicher Raupen wirken.

Dieses in Felder zerstückelte Land, wimmelnd von Menschen und Tieren, die von ihm leben, die es abweiden und auslaugen, macht in unseren, noch an den Anblick der Wüste gewöhnten Augen den Eindruck eines von Würmern zerstörten wertvollen Teppichs oder eines mottenzerfressenen Pelzmantels.

Abends auf feuchtem Gras unter einem grauen Himmel gezeltet, mitten in der Unendlichkeit der Gerstenfelder Kanaans.

Wir lagern in der Nachbarschaft eines reichen Stammes, dessen Scheich uns sehr bald in meinem Zelt aufsucht und mich einlädt, in dem seinen zu Abend zu speisen. Er ist bildschön mit seiner Adlernase und den großen, einschmeichelnden Augen; sein Kopf ist umhüllt von bunt gestreifter Seide, die mit Goldschnüren um seine Stirn befestigt ist; er trägt zwei übereinandergeworfene Burnusse, einen weißen und einen schwarzen, in die er sich mit königlicher Anmut hüllt.

Ich willige nur ein, bei ihm den landesüblichen Kaffee zu trinken, und begebe mich bei Sonnenuntergang, in Begleitung meiner unzertrennlichen Gefährten, der Scheichs Hassan und Aït, zu ihm.

Es ist recht weit im kühlen Abendwind in der grünen Ebene, deren Gräser sich in dieser Stunde vergolden, aber mit viel blasserem, nordischerem Gold als in der Wüste.

Sein Empfangszelt ist aus Kamelhaar, wie alle Zelte des Stammes, und öffnet sich weit auf die Felder; es ist leer bis auf ein paar schöne Waffen, die hier und da aufgehängt sind. Der Scheich weist mir neben sich auf dem Teppich einen Platz zu, dann zu unserer Seite seinen beiden Brüdern, danach dem Scheich von Petra und schließlich dessen Cousin Aït. Auf dem Boden wird ein Reisigfeuer entzündet, um den Kaffee für uns zuzubereiten.

Nacheinander erscheint eine Menge anderer Persönlichkeiten, die mir die Hand reichen und sich dann in stiller Runde niederkauern: Honoratioren des Stammes, streng in Mekkatücher gehüllt, meist alte Männer mit schönen, von weißen Bärten umrahmten Gesichtern.

Über diese Reihe majestätischer Köpfe streift der Blick weit in die Ebene, über unendliche, grüne Gerstenfelder, über die raupenartigen, zahllosen Zelte am westlichen Horizont und über den Zug der heimkehrender Herden blökender, dicht gedrängter Schafe, brüllender Ochsen, hüpfender Kälber, geschäftig bellender Hirtenhunde: also über unseres prächtigen Gastgebers ganzen Reichtum, der im goldenen Licht der untergehenden Sonne hier vor unseren Augen liegt.

Wir sind bei einem Hirtenstamm. Dem Scheich gehören alle umliegenden Ländereien, die größer sind, als der Blick reicht. Er erzählt uns, daß er jeden Monat die Lagerstelle wechselt; und während der Kaffee in winzig kleinen Tassen gereicht wird, vertraut er uns an, daß er gerade zwei Jahre in türkischer Gefangenschaft saß wegen Diebstahls und Straßenraubs.

Oft hatte er von der gefürchteten Familie Jahl sprechen gehört, die sich unter Cousins oder Brüdern die ganze Wüste Petra, das ganze Land Edom teilt, er war jedoch noch nie einem Mitglied der Familie begegnet. Er erweist Hassan alle Zeichen der Ehrerbietung und erkundigt sich bei ihm mit sichtlichem Interesse nach den Schlachten von Kerak, nach der Ankunft der türkischen Truppen aus Damaskus, nach den jüngsten Begebenheiten in der Wüste. Und Hassan nimmt auf einmal alle Allüren eines Prinzen an, was ich noch nie an ihm bemerkt hatte; er erzählt den staunenden Zuhörern, daß sein Vater Mohammed-Jahl sich jedes Jahr nach dem Ramadan für zwölf Tage mit einer zahlreichen Karawane nach Kairo begebe, wo der Khedive es nie versäume, ihm zweihundert Gerstensäcke und hundert Pfund Gold zu schenken.

Als ich mich zurückziehe, lade ich den Scheich, um ihm

nichts schuldig zu bleiben, mit seinen beiden Brüdern für den nächsten Abend zum Kaffee in mein Zelt ein.

37

Samstag, 24. März

Erwachen wie gestern, bei heiterem Lerchengesang. Wir sind nur noch zwanzig Kilometer von Gaza entfernt und werden gegen Mittag dort sein. Unsere Beduinen werden uns dann verlassen, und wir werden den Weg nach Jerusalem zu Pferde fortsetzen. Heute morgen reiten wir also zum letztenmal auf unseren Dromedaren, in Begleitung unserer Freunde aus Petra. Übrigens nimmt sich unsere Karawane, unser dunkles Zaumzeug, unsere Kleidung in neutralen Farben, all das recht wild und fremd auf dem grünen Hintergrund aus; wir passen überhaupt nicht mehr in diese Umgebung; angeregt durch die Wiesen Kanaans sind die zahlreichen, unseren Weg kreuzenden Menschen sehr viel bunter gekleidet und reiten rot, blau oder gelb gezäumte Pferde, auf die wir von der Höhe unserer eindrucksvollen Sättel herabschauen und die uns im Augenblick wie sehr kleine Tiere mit lustigen und verrückten Verhaltensweisen vorkommen. Die Vorüberreitenden betrachten uns neugierig und halten uns für Fremde aus dem äußersten Süden.

Wir werden einige Zeit benötigen, um uns wieder an das belebte Land, die zerstückelte, fruchtbare Erde, an die Einschränkungen des Lebens gewöhnen. In der Wüste war man König, verfügte über Raum ohne Grenzen; hier muß man auf schmalen Pfaden reiten und sich zudem noch recht oft auf die Seite drücken, um seinesgleichen vorüber zu lassen. Hier wirkt alles unter einem gedämpften Licht verkleinert, und diese Ackerbauern, so einfach sie im Vergleich zu den Menschen des Westens sein mögen, müssen sich schon manchem Zwang unterziehen, den die freien und untätigen Beduinen der Wüste, die nur Raub und Krieg treiben, nicht kennen.

Unsere Dromedare empfinden auf ihre Weise diese Veränderung; sehr aufgeregt beim Einritt in dieses Eden weidender Tiere, nehmen sie eine ungleichmäßige Gangart an, strecken die Nase in die Luft, wittern rechts und links Gras und Blumen, bleiben jede Minute mit begehrlichem Gebrumm stehen und versuchen, die frische Gerste abzufressen. Sie verdienen die Verwünschungen des Propheten: »Die flinke Kamelin, die hin und her läuft ihres Weges, die wilde Eselin, die nur die Wüste kennt und den Wind einsaugt, wie es ihr gefällt.« (Jeremia, 2,23-24)

Noch zahlreicher als gestern sind die arabischen Zeltlager, die Dörfer aus Kamelhaar krönen hier und da Anhöhen, die aussehen wie kahl geschoren oder von Motten zerfressen, inmitten der weiten Gerstenfelder, die überall ihre schönen grünen Samtteppiche entrollen; all die Zelte mit ihrem schwärzlichen, haarigen Gewebe bedeckt, das über Äste gespannt ist, machen mehr denn je den Eindruck, die Nester von Riesenraupen zu sein, die die grünen Felder ringsum auffressen werden ...

Nach drei Stunden Weg gestaltet sich das Land immer welliger, und dort – die allerersten Bäume, ein ganzes Tal voller Bäume; und dort das Meer, das sich am fernen Horizont als eine schmale Linie andeutet; und dann endlich Gaza mit seinen Häusern aus grauem Lehm und seinen weißen Minaretten, Gaza mit seinen Gärten und Hainen, Gaza, fast prunkvoll für uns arme Menschen aus der Wüste, Gaza, das plötzlich Sicherheit, Komfort, Verbindung mit der Außenwelt, alle vergessenen modernen Dinge verkörpert …

Nach dem trügerischen Sommer, den uns die heiße Sonne des Südens bereitet hatte, überrascht es uns, daß die Bäume hier noch keine Blätter tragen. Es stimmt, wir haben noch Winter!

Mindestens eine halbe Stunde lang kommen wir durch sandige Hohlwege zwischen Kaktushecken, die üppige Gärten umschließen, die voller Feigen-, Orangen- und Zitronenbäume sowie Rosensträucher stehen.

Uns begegnen Menschen mit heller Haut, bei weitem nicht so verbrannt wie wir. Einige christliche Frauen, maronitisch oder griechisch-orthodox, deren gelüftete Schleier die Gesichter erkennen lassen, die von strahlender Schönheit und rosigfrischer Farbe sind; auch Mohammedanerinnen, die uns nur ihre mandelförmigen Augen zeigen. Und Araber, Türken, Juden; jeder in der Tracht seines Volkes, mit einem Glanz und einer Vielfalt von Farben, die nach dem eintönigen Grau unsere Augen erfreuen.

Am Eingang der Stadt laute, fröhliche Frauenstimmen; ein ganzes Volk von Wäscherinnen ist dort und wringt mit nackten Armen am fließenden Wasser die Wäsche aus.

Jetzt gelangen wir in ein Labyrinth enger Gassen, zwischen Wohnhäusern aus Lehmmauern und Lehmdächern, auf denen Blumen wie in einem Garten wachsen.

Von der Höhe unserer Tiere, die, durch die schmalen Straßen beunruhigt, beim geringsten Türschlagen zusammenschrecken, ragen wir fast über diese Maulwürfshügel hinweg, und unsere Blicke dringen in kleine Innenhöfe, in denen Frauen beieinandersitzen.

Nach den düsteren Augen der Nomaden erscheinen uns

die hiesigen Gesichter offen, entgegenkommend und sanft. Fast alle Frauen sind unverschleiert, schön und hellhäutig, mit tiefschwarzen Augenbrauen und rosigen Wangen.

Die Stadt einmal durchquert, finden wir unsere Zelte auf einem mohammedanischen Friedhof aufgeschlagen. Wir lagern nahe einer Quelle, die, so scheint es uns, ein wenig zu dicht bei den Toten liegt; doch an diesem Ort, den die Behörden bestimmt haben, rasten scheinbar alle vornehmen Fremden; es läßt sich also nichts dagegen einwenden. Und unsere Dromedare knien hier ein letzes Mal für uns nieder, ihre schwarzen Fransen schleifen über das Gras der Gräber; nun ist es vorbei, wir werden diese trägen und wunderlichen Tiere nicht mehr besteigen.

Sehr bald werden wir von einer Schar junger Israeliten umringt, die uns Orangen, Zitronen, alte Münzen und Karneolsteine mit dem Bildnis antiker Gottheiten anbieten; Gruppen in langen, orientalischen Gewändern, unter die sich leider bereits zwei oder drei häßliche graue Anzüge von der Stange gemischt haben.

Unsere syrischen Diener treten jetzt feierlich auf uns zu, um eine kleine Ansprache zur glücklichen Ankunft zu halten, zudem gratulieren sie uns dazu, den Händen der Beduinen, den Gefahren der Wüste entronnen zu sein; das Wort führt von den dreien derjenige, der unterwegs die meiste Angst ausgestanden hatte … Für ihre Mühe belohnen wir sie mit einem Kasten, den uns vorsichtige Freunde in Kairo aufgenötigt und den wir nicht einmal geöffnet hatten. (Er enthält Wundverbände, Mittel gegen Fieber, Skorpionstiche und Schlangenbisse.)

Dann packen wir unsere unnützen Gewehre ein, mit denen wir nur die arme Eule am Wadi-Djerafeh getötet haben. Es war eigentlich ein leichter Spaziergang, diese Wüstendurchquerung! ...

Und dennoch ist nicht zu leugnen, daß uns bei der Ankunft ein Gefühl der Erleichterung erfüllt. Als hätten wir einen bleiernen Mantel von den Schultern geschüttelt. Wir freuen uns sogar, daß uns die tausend kleinen modernen Erfindungen wieder zur Verfügung stehen; sie sind zwar nicht so malerisch, aber recht bequem für den, der sich daran gewöhnt hat. Wir sind gerührt, ein Post- und Telegraphenamt in der Nähe zu sehen, genauso wie es unsere Dromedare heute morgen beim Anblick der grünen Gerste gewesen waren ...

Der ottomanische Gouverneur von Gaza, bei dem wir unsere Antrittsbesuche beginnen, ist ein liebenswürdiger und vornehmer Prinz, der siebzehnte Sohn des berühmten Beder Khan Pascha, Fürst von Kurdistan, der sich jahrelang gegen die Regierung in Konstantinopel auflehnte. Mitten in der Oberstadt bewohnt er ein im türkischen Stil eingerichtetes Steinhaus; in demselben Viertel stehen noch weitere, ähnliche Häuser, die öffentliche Gebäude oder Unterkünfte der Militärverwaltung sind, und einige Telegraphendrähte durchziehen diesen Stadtteil in Richtung Jerusalem. Die ganze übrige Stadt, mit Ausnahme der Moscheen und Brunnen, ist wie die kleinen Häuser der südlichen Oasen aus getrocknetem Lehm erbaut.

Anfangs sind wir überrascht, daß Gaza, so nah der Wüste, nicht von Mauern umgeben ist, die sie vor Angriffen der Beduinen schützen. Die Erklärung dazu lautet, daß die Einwohner »selbst aus Gaunern und Hehlern bestünde und es im Interesse der Beduinen läge, sie zu verschonen«.

Übrigens versorgen sich alle Nomaden der Umgebung in den Bazaren Gazas mit Proviant.

Heute machen wir es wie die Nomaden, wir, die nach langer Reise durch die Wüste Paran inzwischen fast alles entbehren; und wir beschließen den Tag in den dunklen, überfüllten engen Gassen der Bazare, um Kleidung, Schuhe und Sattelzeug zu besorgen. Wir können unsere Reise unmöglich als Beduinen fortsetzen, zumal wir keine Kamele mehr haben; doch unsere europäische Kleidung können wir auch nicht anziehen, da wir unser Gepäck zur See nach Jerusalem geschickt haben; aber die neue Verwandlung bereitet uns Spaß, und unsere entwöhnten Augen finden Geschmack an der Farbenpracht der Gewänder und Burnusse Palästinas ... In der Schumachergasse treffen wir die Scheichs Hassan und Aït gerade beim Kauf von Stiefeln aus rotem Saffianleder mit hohem Eisenbeschlag unter der Sohle, um die Schlangen besser zertreten zu können; einer ihrer Leute begleitet die beiden und trägt im Arm die bereits gemachten Einkäufe, Schmuck für die Köpfe der Dromedare aus Glas oder Muscheln. Also schließen wir uns ihnen an und setzen unseren Gang gemeinsam fort wie eine wilde Rasselbande, die von allem geblendet ist, was in den Auslagen glänzt.

Die Nacht sinkt herab, als wir alle, mit unnützen Dingen beladen, unsere Zelte auf dem Friedhof wieder erreichen.

Vor unserem Lager stehen die mit Gräbern gespickten Hügel, auf denen unsere Kamele in der sich ausbreitenden Dunkelheit noch immer grasen.

Und hinter uns die Stadt, deren Minarette zu Ehren des Ramadan mit Feuerkränzen beleuchtet sind.

Der Himmel ist endlos mit Sternen übersät und in Richtung Sonnenuntergang hinterläßt das Tropenlicht einen beständigen schmalen Streifen phosphoreszierenden Lichts. Statt der gewohnten Stille der Wüste herrscht hier eine sehr laute Ramadannacht; bis zum Morgen Musikgruppen, Stimmen, religiöser Gesang, Trommelschlag. Manchmal scheint es, als psalmodierten ganze Scharen Muezzine wie entrückt, alle gleichzeitig in traurigem Diskant. Auch ziehen Sänger mit Laternen um unseren Friedhof; ihre Tamburine schlagen den alten arabischen Rhythmus. Und danach langes Gebell streunender Hunde, endloses Konzert der Frösche in den Sümpfen und in Phasen der Stille das ferne Rauschen des Meeres.

38

Sonntag, 25. März (Ostersonntag)

Gaza, eine der ältesten Städte der Welt, schon in der Genesis, in den dunklen Zeiten vor Abraham genannt (1. Buch Mose, 10,19), wurde von allen antiken Völkern der Erde erobert und wieder erobert, zerstört und wieder aufgebaut; die Ägypter haben sie zwanzigmal besessen; sie gehörte den Philistern, den Enakitern (Josua, 11, 21), den Assyrern, den Griechen, den Römern, den Arabern und den Kreuzfahrern. Ihr trümmerbedeckter Boden voller Knochen und Schätze ist bis in die Tiefen aufgewühlt. Der Erdhügel, auf dem die Stadt steht, ist künstlich, in uralten, unbestimmten Zeiten von unten aufgemauert; die Umgebung ist von unterirdischen Bauten aus allen Zeiten mit unbekannten Ausgängen untergraben; die Felder sind voller Löcher ohne Grund, in denen Schlangen und Eidechsen hausen.

Mehrmals war Gaza eine prächtige Stadt, vor allem zur Zeit des Gottes Marnas, der hier einen berühmten Tempel besaß. Heutzutage hat der Wüstensand den Hafen bedeckt, die Marmorbauten verschüttet. Es gibt nur noch einen bescheidenen Marktplatz am Ausgang zur Wüste, auf dem sich die Karawanen mit allem Notwendigen versorgen.

Ihr Aussehen ist sarazenisch geblieben; über das baufällige Häusergewirr erheben sich Moscheen und Grabmäler mit weißen Kuppeln, ragen schlanke Palmen und hohe Sykomoren empor.

Eine Gegend der Ruinen und des Staubes. Stadtviertel aus Tonerde und getrocknetem Lehm, hier und da ist in das einfache Material ein Rest alten sarazenischen Marmors, ein Wappen der Kreuzfahrer, ein Bruchstück einer antiken Säule, ein Heiligenbild oder ein Baal eingefügt. Trümmer von Tempeln halten als Straßenpflaster her, Friese aus griechischen Palästen als Türschwellen.

Wenige Passanten und selbstverständlich keine Spur von Wagen; nur Dromedare, Pferde, Esel.

Ein paar regungslose, weiße oder grüne Turbane sitzen auf den Stufen vor den Stätten der Anbetung. Bewegung allein im dunklen, mit vertrockneten Palmenwedeln gedeckten Bazar, wo Beduinen verschiedener Wüstenstämme vom geraubten Geld Sattelzeug für ihre Kamele, Säbelscheiden, Gerste oder Datteln kaufen.

In einer überaus heiligen Moschee steht das Grabmal des Nebi el Haschim, Mohammeds Großvater und heute Schirmherr der Stadt.

In der klaren Sonne dieses Ostermorgens treten wir ein. Zuerst zeigt sich uns ein großer, von weißen Bogenreihen umschlossener Hof. Einige Männer befinden sich dort zum Gebet, aber vor allem sehr kleine Kinder, die unter dem freien blauen Himmel spielen. Im Orient ist es Brauch, daß die Innenhöfe der Moscheen Sammelplatz der Kleinen sind; man findet ihre kindlichen Spiele natürlich und angemessen neben den sich niederwerfenden, betenden alten Männern.

Die Jüngsten, die kaum laufen können, haben einen Reif mit Glöckchen um den Knöchel, damit die Mütter von weitem hören können, wo sie sind, genauso wie man den Ziegen auf den Feldern Schellen umhängt.

Einige mit Gittern verschlossene Bögen verbinden diesen Hof mit stillen, von Palmen beschatteten Plätzen, wo hohe und blühende Frühlingsgräser wachsen: dort ruhen zweifellos die Toten.

Das Grabmal des Heiligen steht in einem dieser Winkel; die schwere, mit alten Schnitzereien verzierte Tür ist verschlossen; jemand, der dort betete, will den alten Geistlichen, den Hüter des Grabes, holen, und wir warten im Schatten der weißen Bögen, lassen uns von der frommen Friedfertigkeit umfangen.

Langsam kommt er heran, der Geistliche mit dem weißen Bart und dem grünen Turban; er schließt auf, und wir treten ein. Der große Katafalk aus grünem Tuch steht unter einer niedrigen, düsteren, oben durchbrochenen Kuppel, deren Arabesken durch Feuchtigkeit und Regen allen farbigen Glanz verloren haben; an den vier Ecken befinden sich kupferne Kugeln, von Halbmonden überragt, und am Kopfende liegt der Turban des Toten unter verblaßter Gaze.

Durch die engen Gassen, durch die Bazare kommen und gehen die Leute, sind mit ihrem Tagwerk beschäftigt; hier ist weder Sonntag noch Ostern, sondern irgendein beliebiger Tag, und nichts in dieser ersten Stadt Judäas erinnert uns an Christus.

Doch es gibt eine noch größere Moschee, deren gotisches Tor uns ein Kathedralentor zu sein scheint, und die Schwelle, auf der wir unsere Babuschen ausziehen, sieht aus wie die eines Kircheneingangs. Innen ein großes Kirchenschiff in der Form eines lateinischen Kreuzes mit grauen Marmorsäulen, und hier und da entdeckt man an den Wänden Kreuze, die ausgekratzt worden sind, aber unter dem dicken Kalkbewurf noch durchscheinen. In der Tat eine von glühenden Glaubensrittern errichtete Kirche, die hierherkamen, um im heiligen Land ihr Leben zu lassen. Welche Kraft hatten diese Menschen, und welche Wunder vollbrachten sie! Wie schön war ihre Kirche, die sie mitten im Krieg, in einem so fernen Land erbauten; wie überraschend, daß sie hier und heute noch steht! ...

In ihrer weißen Stille, die der Widerschein der draußen strahlenden orientalischen Sonne erhellt, liegt auch jetzt etwas Christliches ... Die Franken, die sie vor siebenhundert Jahren erbauten, hatten allerdings das Jesusbild des Evangeliums bereits durch kindliche Legenden getrübt, und jetzt schmücken gar die dunkelgrünen Fahnen Mahomets das kahle Schiff und nehmen die Stelle der Bilder ein, die diese naiven Kreuzfahrer dort angebracht hatten; aber einerlei, etwas von dem Erlöser ist noch geblieben, etwas Unfaßbares, unendlich Sanftmütiges, und hinzu kommt heute noch eine vage Sonntags-, eine Osterstimmung ...

Die Kreuzfahrer haben überall Spuren zurückgelassen, und man liefe Gefahr, ihre Gebeine aufzurütteln, wenn man den alten, von Trümmern und Toten erfüllten Boden durchwühlte. Die türkische Zitadelle, im dreizehnten Jahrhundert begonnen, zu allen Zeiten der Geschichte verändert und umgebaut, zeigt an ihren Mauern ein Gemisch schlanker sarazenischer Ornamente und schwerfälliger

Ritterwappen; und heute wachsen dort Flechten, die Pflanzen der Ruinen.

In den oberen Stadtvierteln bleiben wir an einer Stelle stehen, von wo aus sich der Blick eröffnet auf das ganze graue Gaza mit seinen Lehmhäusern, seinen wenigen Minaretten, seinen wenigen, von Palmen umgebenen Kuppeln; weiterhin auf die Überreste von Festungsmauern aus unbestimmter Zeit, deren Plan nicht mehr zu erkennen ist und die sich in den Friedhöfen verlieren. Eine Welt für sich, diese sich ins Land ausdehnenden Friedhöfe; auf einem steht unter einer Sykomore eine Gruppe von Frauen, die einen Toten auf übliche Weise laut beweinen; ihre Klagelieder dringen bis zu uns hinauf. Zahlreiche schöne, schattige Gärten, zahlreiche von Kakteen gesäumte Pfade, auf denen ganze Züge von Eseln Wasser in Schläuchen in die Stadt bringen. Und schließlich das ferne Meer, die samtenen Gerstenfelder und der Wüstensand. Ein weites, schwermütiges Panorama, bei dem es schwierig ist, das jeweilige Alter genau zu bestimmen; und da unten der einsame, gräberbedeckte Hügel, auf dem Simson eines Nachts, als er von einer Dirne kam, das Tor von Gaza, der Philisterstadt, niederwarf (Richter,16,3).

Als wir gegen Mittag in unser Lager zurückkehren, geht es dort recht lebhaft zu; jüdische Antiquitätenhändler auf den Gräbern sitzend erwarten uns; griechische Christen im Sonntagsstaat, darunter sogar einige europäische Anzüge, warten auf unsere Rückkehr.

Nach und nach haben die Neugierigen und die Händler genug und gehen wieder, und wir bleiben allein. Unsere Beduinen, die heute nacht in ihre Wüste aufbrechen, schlummern im Gras ausgestreckt. Das nun stille Gaza ruht sich von den nächtlichen Festen aus. Eine glühende Sonne sticht auf unsere weißen Zelte; die Steine ringsum sind bedeckt mit Eidechsen und Chamäleons.

Friedlicher und einsamer Osternachmittag, den wir auf dem Friedhof vor unseren Zelten sitzend verbringen, das Hin und Her der Eidechsen, die immer zahlreicher aus Erdlöchern hervorkriechen, beobachtend. Auf allen warmen Grabplatten verfolgen sie sich, spielen sie. Auf der Kante der Grabsteine sitzen zwei oder drei hochaufgerichtet und wiegen sich auf bizarre Art hin und her.

Die Luft wird drückend, drückend schwül; sie verdüstert sich ohne sichtbare Wolken; die Sonne, auf einmal matt und gelb, leuchtet nicht mehr und scheint zu erlöschen; ihre Scheibe hat keinen Strahlenkranz mehr, wirkt wie durch rauchgeschwärztes Glas betrachtet, und man meint, das Ende der Welt sei gekommen. Das rührt vom Kamsin her, der heranzieht, bald wird der Sand aus der nahen Wüste über uns hinwegfegen …

Mit einer jähen Böe erhebt sich starker Wind, der Sand und Staub vor sich her treibt … »Von der Wüste her, aus furchtbarem Lande, kommt es gleich Wirbeln, die vom Südwind gejagt werden, um alles zu zerstören.« (Jesaja, 21,1)

Am Abend hat sich der trockene Wüstensturm gelegt und Fußgänger tauchen wieder auf. Wir erhalten Besuch vom Gouverneur der Stadt, dem liebenswürdigen Prinzen aus Kurdistan, sowie von einigen muselmanischen Würdenträgern. Dann kommen unsere Reitpferde und Maultiere, die wir gestern in Jerusalem durch ein Telegramm bestellt hatten, völlig erschöpft von einem Gewaltmarsch an und legen sich wie gelähmt auf die Seite. Auf den kakteengesäumten Pfaden kehren die Herden von den Feldern zur Stadt zurück, und es wird Nacht.

Um Mitternacht, wenn der Mond hochstehen wird, müssen sich unsere Beduinen nach Petra auf den Weg machen und mit ihnen der türkische Offizier sowie die beiden Soldaten, die uns begleitet haben. In der Abenddämmerung treiben sie ihre Kamele zusammen und fesseln ihnen die Füße; dann zünden sie gewaltige Feuer, um das üppige Abschiedsmahl zuzubereiten.

Wir sagen ihnen aufs herzlichste Lebewohl. Die Scheichs Hassan und Aït umarmen wir und tauschen Andenken mit ihnen aus. Hassan überreicht mir seinen Dolch, und ich schenke ihm meinen Revolver.

Die Nacht war sehr dunkel, und zwischen all diesen Gräbern befanden wir uns in einem düsteren Durcheinander, in dem nichts zu unterscheiden war.

Doch jetzt geht der Mond auf. Hinter uns erscheint allmählich die Stadt, die man nicht mehr sah, als schwarzer Schattenriß auf einer gestaltlosen, blutroten Feuersbrunst am Horizont; dann drängt sich dieses Feuer zu einer rotglühenden Masse zusammen, die sich nach und nach rundet und zu einer aufsteigenden Kugel wird, die augenblicklich weiß leuchtet wie eine plötzlich geschürte Kohlenglut und um uns immer mehr Licht verbreitet. Jetzt ist es eine Scheibe aus silbrigem Feuer, die strahlend und leicht hochsteigt, die ihr Licht über den ganzen Himmel ausschüttet ... Vor diesem hellen Hintergrund ragen Minarette empor; die zarten schwarzen Federbüsche der Palmen zeichnen sich ab; alles, was vorher scheinbar nicht mehr vorhanden war, offenbart sich aufs neue tausendfach schöner als bei Tag, ist in ein großes orientalisches Märchen verwandelt … Währenddessen erhellen sich gegenüber schrittweise die terrassenförmigen, uns überragenden Friedhöfe von oben nach unten; ein sanftes, beinahe rosafarbenes Licht, das sich auf dem Gipfel der Grabstätten zu bilden begann, nimmt immer mehr zu und breitet sich im Herabsinken aus wie ein langsam größer werdender Fleck und senkt sich bis zur Niederung, in der wir lagern: ein Haufen Nomaden, Mensch und Tier, rund um die erlöschenden Feuer … Und dann sieht man alles im herrlichen, hell glänzenden Mondlicht! …

Der Mond steht hoch. Es ist die Stunde, auf die die zum Aufbruch bereiten Beduinen warteten. Und jetzt setzt der sehr leise Abmarsch der Dromedare im rosigen Silberlicht ein. Von ihren großen schwankenden Tieren herab winken uns die Scheichs Hassan und Aït im Vorbeiziehen ein letztes freundschaftliches Lebewohl zu; sie kehren zurück in dieses *furchtbare Land*, wo sie geboren sind und gerne leben, und ihre Abreise setzt unserem Wüstentraum ein Ende.

Morgen früh, bei Tagesanbruch, reiten wir hinauf nach Jerusalem! …

NACHWORT

Die Reise nach Jerusalem
Notizen zur Pilgerfahrt eines Ungläubigen

O crux, ave spes unica!
Motto des Loti-Buches *Jerusalem*

Der Reiseschriftsteller gewöhnlicher Provenienz entführt den Leser in fremde Länder. Auch Pierre Loti, eigentlich Julien Viaud (1850–1923) tut dies. Zugleich aber führt er den Leser durch seine Seele, seine âme mystique. Sie nämlich ist es, die ihn hinaustreibt in die Welt, sie ist es, die hinausstrebt aus dem Endlichen, die im Unendlichen aufgehen möchte. Von ihr, insbesondere von ihr, will er erzählen, allerdings nur den »Brüdern des Traums«, wie es im Vorwort heißt, jenen, die ihm einst gefolgt sind »zu den Lilienfeldern des dunklen Moghreb, zu den weiten Ebenen Marokkos«. Nur sie will er mitnehmen »in das steingeborene Arabien, in die tiefe, tönende Wüste«.

Mit solch scheinbarer Ausschließlichkeit wendet sich Loti an die Leser des 1890 erschienenen Buches *Au Maroc* (*Im Zeichen der Sahara* bei manholt). Nur ihnen traut er zu, den Unterschied zu erkennen, den ganz anderen Geist dieser zweiten Reise durch die Wüste. Dabei hat sich auf den ersten Blick nicht allzuviel verändert: der Gestus des Schreibens nicht und Lotis melancholische Grundstimmung; auch sein Sensorium für das Fremde, das Unverbildete, das Natürliche ist nach wie vor stark ausgeprägt. Trotzdem, es ist etwas Neues hinzugekommen, die Arbeit an den Büchern *Roman d'un enfant* (1890) und *Livre de la pitié et la mort* (1891) hat ihre Spuren hinterlassen. Bei der literarischen Vergegenwärtigung seiner Kindheit und seinem Nachdenken über die Vergänglichkeit hat sich Loti mit seinen religiösen Wurzeln zu beschäftigen begonnen. Und so ist das Ziel seiner 1894 unternommenen Reise ins Heilige Land auch kein rein äußerliches mehr. Es ist die Pilgerreise eines Suchenden (oder, wie Loti es nennt: »Eines Ungläubigen«), ein erneuter, nicht gänzlich halbherziger Vorstoß, den christlichen Glauben wiederzufinden, den er zwar nie besaß, nach dem er sich aber zeitlebens gesehnt und vor dem er sich immer gefürchtet hat.

Es ist zwar nur *eine* Reise, zu der Loti uns einlädt, doch es sind drei Bücher, in denen er davon erzählt: *Le Désert* berichtet über die Geschehnisse der Tage vom 22. Februar bis zum 25. März 1894, *Jérusalem* über die vom 26. März bis zum 16. April 1894 und *Galilée* über die vom 17. April bis zum 3. Mai 1894. Alle drei Bücher sind 1895 in Frankreich erschienen, von da an in zahllosen Auflagen. In Deutschland publizierte der Verlag Schuster & Loeffler, Berlin, die Trilogie 1896 / 97 ebenfalls in drei Bänden, in der »autorisierten Übersetzung« von E. Philiparie. In der Reihe »Orientalische Impressionen« wurde diese dann in der Überarbeitung von F. v. Oppeln-Bronikowski zu Anfang der zwanziger Jahre bei Carl Reissner in Dresden neu aufgelegt.

Die Schilderung seiner Reise mit einer Karawane von Ägypten aus ins und durchs Heilige Land, so verheißt Loti dem Leser, deutlich untertreibend, bereits im Vorwort, werde »keine schrecklichen Abenteuer, außergewöhnliche Jagden, Entdeckungen noch Gefahren« enthalten, nein, sie werde nichts weiter sein »als die Phantasie eines langsamen Spaziergangs, im Schritt sich wiegender Kamele, in der Unendlichkeit der rosa Wüste.« Doch selbst wenn dem so wäre, Lotis Notate evozieren die ungeheure Einsamkeit der Wüste auf seine typisch unnachahmliche Weise, impressionistisch und sachlich zugleich. Sie spiegeln grandios das Gefühl der grenzenlosen Verlorenheit des Menschen in ihr wieder, in die sich allerdings immer wieder auch ein Hoffen mischt: »Am Ende des langen Wegs, im Flimmer der Luftspiegelungen, wird Jerusalem erscheinen, oder zumindest sein großer Schattenriß, und dort werden wir uns vielleicht, o meine Freunde des Traums, des Zweifels und der Angst, im Angesicht unvorstellbarer Trugbilder in den Staub niederwerfen.«

»Vielleicht« schreibt Loti, von »Trugbildern« spricht er, von Zweifel, von Angst – und sucht gleichzeitig hektisch nach den«Trostfackeln der alten Hoffnung«, wie Joris-Karl Huysmans es einmal genannt hat. Er stellt seinen Kapiteln immer wieder Motti aus der Bibel voran, auch die Orte sucht er auf, an denen Gott sich einst den Menschen zeigte. Die Diagnose allerdings ist unerbittlich: »Ach, wie still, wie kalt, wie traurig erscheint uns der heilige Berg Sinai, dessen Name allein aus der Distanz uns noch entgegenflammte. Die Zeiten sind wohl zu fern und wohl auf immer vergangen, da der Ewige in feuriger Wolke beim Erschallen schrecklicher Hörner herabgestiegen ist; das alles ist vorbei, der Berg ist leer wie der Himmel und unsere modernen Seelen; er birgt nur noch vergebliche, eisige Trugbilder, an die bald niemand mehr glauben wird ...«

Die »tote, leere Weite« der Wüste, durch die Loti mit der

Karawane zieht, ist eine Art Purgatorium für seine »moderne Seele«. Jerusalem allerdings wird er nicht in ihrem Schutz erreichen. In Gaza trennt sich Loti, am Ostersonntag des Jahres 1894, von »seinen« Beduinen und taucht ein in »eine der ältesten Städte der Welt«, schon in der *Genesis* genannt. Eine Stadt, »von allen antiken Völkern der Erde erobert und wieder erobert, zerstört und wieder aufgebaut; die Ägypter haben sie zwanzigmal besessen; sie gehörte den Philistern, den Enakitern, den Assyrern, den Griechen, den Römern, den Arabern und den Kreuzfahrern. Ihr trümmerbedeckter Boden voller Knochen und Schätze ist bis in die Tiefen aufgewühlt.« (Müßig zu erwähnen, daß die Geschichte sich dort immer noch fortschreibt, voll Elend und Entsetzen.)

Ausgerechnet hier aber, im Angesicht einer von der Kreuzfahrern errichteten Kirche erspürt Loti den Widerschein des Erlösers, »etwas von ihm ist noch geblieben, etwas Unfaßbares, unendlich Sanftmütiges, und hinzu kommt heute noch eine vage Sonntags-, eine Osterstimmung ...«

Einen Tag später aber, am Ostermontag, hat Loti das gnadenlose Seziermesser seines Blickes bereits auf Jerusalem gerichtet. Er beschreibt im zweiten Band der Reiseerzählung »bis zu welchem Grade der große, heilige Schatten verloschen ist, den die nächsten Geschlechter schon nicht mehr sehen werden«, erzählt von einer Seele, seiner Seele, »die zu den gequälten des zur Neige gehenden Jahrhunderts gehört«, und sucht nach Gefährten, die gleich ihm »ungläubig an das heilige Grab treten, mit einem Herzen voller Gebete, mit Augen voller Tränen«.

Loti kann es nicht verbergen, mit letzter gedanklicher Konsequenz ringt er nicht um den Glauben. Ihm gefällt es vielmehr, sich überwältigen zu lassen, von den Stimmungen der Orte, etwa der Kapelle hoch über Golgatha, von sentimentalen Kindheitserinnerungen, von der Andacht der Gläubigen: »Nach und nach fühle auch ich mich durchdrungen von dem holden trügerischen Traum eines gehörten, erhörten Gebets ... Dabei glaubte ich sie doch beendet – diese Blendwerke!«

Auch gefühlsmäßig gibt er sich dem Glauben nicht wirklich hin, immer läßt er sich eine Hintertür offen. Dennoch geschieht es: »Meine Augen umfloren sich ... Unerwartet, widerstandslos, weine auch ich in dem Winkel des mich verbergenden Pfeilers ... Man betet, wie man kann, und ich kann es nicht besser.« Für einen Augenblick glaubt er sogar, die »tiefe, unaussprechliche Hoffnung wiedererlangt« zu haben. Doch Loti wäre nicht Loti, wenn er den Band *Jerusalem* nicht mit der Ahnung beschlösse, daß »das Nichts mir morgen vielleicht noch schwärzer erscheinen wird«.

Und in *Galiläa* hat sie ihn dann wieder völlig eingeholt, die unendliche Schwermut, in diesem letzten Band der Trilogie spielt er wieder auf der gesamten Klaviatur des ennui, erleidet heroisch die geschickt von ihm gegen ihn und die Welt vorgetragenen Pessismus-Attacken und natürlich seinen überbordenden Überdruß: Die Jagd nach Traumbildern, »unsere Pilgerfahrt ohne Hoffnung und ohne Glauben geht zu Ende. Nach dem vielleicht kindlichen Versuch, in die von den Menschen vergessene Vergangenheit einzudringen, müssen wir allmählich in den Strom des Lebens zurückkehren.«

»Das Gefühl, daß sich alles mehr denn je im Wanken befindet, daß die Götter zerschlagen sind, daß Christus gestorben ist und daß nichts mehr unseren Abgrund erleuchten wird, hat sich mehr denn je bestätigt. ... Deutlich sehen wir eine trostlose Zukunft voraus; finstere Zeiten werden kommen, wenn die großen himmlischen Träume entflohen sind, tyrannische, grauenhafte Demokratien, und die Unglücklichen werden nicht mal mehr wissen, was beten ist.«

Susanne und Michael Farin

manholt verlag
Fedelhören 88
28203 Bremen